안 소 해 촐!

지승호 지음

그에 대한
소박한
앤솔러지

프롤로그

2007년 어느 날 신해철님으로부터 전화가 왔었습니다. 매니저를 통해서도 아니고 직접. 물론 전에 두세 번 인터뷰를 한 적은 있었지만, 직접 전화를 걸어온 일은 처음이라 당황했습니다. 그래서 '당신이 신해철이면 나는 서태지야'라고, 한때 인터넷 게시판에서 유행했던 농담을 할 뻔했죠. 하지만 이내 〈시사IN〉과의 인터뷰에서 "앞으로 누구와 인터뷰를 하고 싶습니까?"라는 질문에 "신해철님과 책 한 권 내고 싶습니다"라고 답했던 기억이 났습니다. 그래서 여유를 가지고 "왜 전화하셨어요?" 하고 능청을 부렸었죠. 그는 곧바로 "책 한 권 내자고요"라고 했고, 바로 그날 저녁에 만나 작업을 하기로 합의를 했습니다.

알고 보니 신해철님은 늘 그런 식으로 일을 처리한다

더라고요. 생각이 나면 직접 전화를 해서 '쇠뿔도 단김에 뽑자'는 식으로. 키보디스트 지현수 씨를 넥스트 멤버로 섭외할 때도 밤중에 전화를 걸어 '작업실로 와서 얘기하자'는 식이었고, 많은 인디 뮤지션과의 친분도 그런 방식으로 맺었던 것 같습니다.

신해철님은 '책을 내려고 글을 쓰는데 영 진도가 안 나간다'면서 도와달라고 했습니다. 대필 작가를 쓰거나 매니저 등을 통해 운을 띄울 수도 있었을 테지만, 그는 그런 사람이었습니다. 그렇게 탄생한 책이 《신해철의 쾌변독설》(2008)이고, 그가 생전에 낸 유일한 책이 되었죠. 돌아가시기 몇 개월 전에 신해철님이 문자로, 고故 이보미 양과 김장훈님이 듀엣으로 부른 〈거위의 꿈〉 링크를 보내주었습니다. 저는 건강은 괜찮은지 물었고, '그럭저럭^^;;;'이라는 답을 받았죠. 제가 '시간 될 때 식사 대접을 하고 싶습니다'라고 했고, '곧 함 봐요^^'라는 답이 왔습니다.

그게 그와의 마지막이 되었습니다. 신해철님이 건강을 좀 회복하고 나서 막 방송 활동을 활발히 해나가던 시점이라 '바쁘실 텐데 시간을 뺏으면 안 될 것 같다'는 생각만 했는데, 그가 떠나고 나니 부지런하게 육성을 더 많이 남겨뒀으면 어땠을까 하는 후회의 감정이 들었습니다. 《신해철의 쾌변독설 2》를 좀 더 서둘렀다면 …. 신해철님은 제게 "신뢰로 형성된 인터뷰어라 저 양반이 사생활에 관해 물으면 이유가 있겠지 하고 편하게 대답했다"고 말하기도 했고, 어느 팬에게는 "힐링이 되는 인터뷰였다"고 말했다고 합니다. 인터뷰어로서 이런 평가만큼 큰 선물은 없습니다.

그는 《신해철의 쾌변독설》 출간 후 "지승호가 같이하지 않는다면 사인회를 하지 않겠다"면서 저를 존중해주었습니다. 물론 "신해철 팬들만 가득할 텐데, 제가 미쳤다고 갑니까?" 하고 완곡하게 거절했지만요. 그는 감사함을 표할 줄 아는 사람이었습니다. 인터뷰어는 인터뷰이에게 밥상을 차려주고 조명을 비춰주는 사람이라고 생각하지만, 상대의 태도에 상처를 받을 때도 종종 있거든요. 앞으로 이런 인터뷰이를 다시 만날 수 있을까요? 저는 그에게 아무것도 준 것이 없는데, 그저 받기만 했다는 생각이 듭니다.

 이 책이 신해철님께 보내는 제 손편지 같은 것이면 좋겠습니다. 이 편지를 받고 그가 잠시라도 웃어준다면, 저로서는 더 바랄 것이 없습니다. 책 작업은 생각보다 어려웠고, 글을 쓸 수 있는 시간은 촉박했습니다. 상황이 허락한다면 차후에 제대로 된 신해철님의 평전을 내겠다는 약속을 하면서, 이 미숙한 작업을 마무리 짓고자 합니다.

2019년 10월

지승호

차례

프롤로그 ········ 005

1부
신해철 가상 인터뷰

잊지 말아요, 우리가 꿈꾸는 세상은 결국 올 거라는 것을 ········ 017

2부
키워드로 다시 만나는 마왕

우리에게 벼락같이 나타난 〈그대에게〉 **045**
좀 놀 줄 아는 동네 형, 오빠가 된 〈고스트 스테이션〉 **052**
언어의 마술사? 중요한 것은 듣기와 마음 **059**
두꺼운 외투를 입고 있으면 망치로 때려야 주먹으로 치는 효과를 본다 **064**
천생 록밴드의 리더, 신해철 **071**
외로운 사람, 신해철 **081**
연대하고, 배려하고, 칭찬할 줄 아는 사람 **085**
〈안녕, 프란체스카〉의 대교주 **091**
어쩌면 신해철도 의사 친구 하나 없었구나 **094**
늘 언론을 경계했지만 음악 얘기엔 무장해제되었던, 신해철 **098**
시대를 앞서간 〈내일은 늦으리〉 콘서트, 한국판 〈위 아 더 월드〉 **104**
〈일상으로의 초대〉 평범한 듯 심금을 울리는 러브송 **108**
고양이를 닮은, 신해철 **114**
문화 혁명가, 신해철 **116**
음악의 신이 지닌 천개의 얼굴을 모두 사랑한, 신해철 **121**
체벌권을 쥔 중1 반장과 밴드 리더로서 리더십의 차이 **128**

3부
내가 기억하고 추억하는
신해철에 대한 이야기

고마워요, 잘 계시길, 나의 영웅 ... **135**
  임이준 • 방이동 라디오헤드 펍 대표 ... **135**
  윤태호 • 만화가 ... **136**
  곽동수 • 교육인 ... **137**
  서민 • 기생충학 교수 ... **138**
  김진혁 • 전 EBS 피디, 한예종 영상원 교수 ... **139**
  이종우 • 팟캐스트 〈이이제이〉 진행자 ... **139**
  조성환 • 가수 육각수 ... **142**
  한윤형 • 작가, 논객 ... **143**
  백승우 • 영화감독 ... **146**
  손병휘 • 가수 ... **146**
  익명을 원한 30년지기 팬 ... **147**
  김마스타 • 뮤지션 ... **150**
  곽노현 • 전 교육감 ... **153**
  박기태 • 변호사 ... **153**
  김상윤 • 문화기획자 ... **167**

4부
2002년 두 번의 인터뷰:
노무현 당선 직전, 그리고 직후

영원히 낡지 않을 신해철의 인터뷰　　　　　　　　　　　　　　**191**

인터뷰 하나 2002년 12월 17일 신해철을 만나다　　　　　　　**192**
　옳다고 생각하는 것을 위해 작은 고집을 버렸습니다
　부정이나 비난을 통해서는 개선할 수 없어요
　자신들의 정체성을 선언하고 놀이문화를 만들어가는 순간 문화가 만들어집니다
　대중이 문화를 대하는 태도를 말하는 겁니다
　세월에 우리가 마모되는 것을 조심해야 해요
　저는 음악을 너무 사랑합니다
　록이 변방으로 밀려나 있다는 게 얼마나 슬퍼요
　행복한 마음으로 기타를 잡을 수 있다면 저는 행복합니다
　저는 밴드의 일원이자 리더임을 잊어본 적이 없어요

인터뷰 둘 2002년 12월 28일 신해철을 만나다　　　　　　　　**235**
　제 마음에서는 대단한 희망의 싹이었어요
　대안을 찾아내고 근본적인 개혁을 하는 게 훨씬 더 적극적 공격입니다
　우리가 올바른 목소리를 내고 싸워 얻어야지 시혜물을 받아먹으려 해서는 안 됩니다
　전반적으로 행복하다고 생각해요

에필로그　　　　　　　　　　　　　　　　　　　　　　　　　**259**

1부

가슴 인터뷰 신해철

잊지 말아요, 우리가 꿈꾸는 세상은 결국 올 거라는 것을

대중음악평론가 강헌은 《마왕 신해철》(2014)에서 신해철을 이렇게 평가했습니다. "바보처럼 사람들을 사랑한 사람, 인문학 도서를 무겁게 여기지 않은 사람, 만화책을 가벼이 여기지 않은 사람, 무명 신인의 음반일지언정 한 가지라도 미덕을 찾아내고자 했던 사람, 아무도 관심 없는 삶이라도 외면하지 않았던 사람, 사회적 약자에게 관용을 베풀지 않는 다양한 악덕에 대해 온몸으로 분노한 사람." 그러면서 그는 신해철을 "우리 대중음악사에 등장한 최초의, 그리고 최후의 인문주의 예술가, 르네상스인이었다"라고 규정합니다.

그의 말은 조금도 과장되지 않았습니다. 이슈마다 변명이나 사과보다 도발 또는 위악을 택했지만, 선천적으로 착한 사람이었고요. 가족과 자기 밴드를 지키기 위해서는 어떤 개싸움도 마다하지 않았지만, 누구보다 부드럽고 제가 만난 사람 중에서 가장 '나이쓰'한 사람이었습니다. '나이쓰'라는 어감이 주는 청량

함과 더불어 정치적 올바름도 함께 갖췄고, 감사함을 표시할 줄 알며, 제가 만난 사람 중에서 대화를 나누는 것을 가장 즐거워한 사람이었습니다.

어느 날 저는 신해철님과 인터뷰를 하기 위해 하늘로 올라가는 상상을 해봤습니다. 아래는 신해철님과의 가상 인터뷰입니다. 생전 신해철님의 행적과 발언을 토대로 제 생각을 덧붙인 것이라 신해철님의 생각과 다소 다를 수 있습니다만, 그와의 추억을 곱씹어볼 수 있는 행복한 시간이었습니다.

지승호(이하 호) 어, 여기가 어디지? 혹시 제가 죽었나요?
신해철(이하 철) 그래요. 당신은 당분간 여기서 머물면서 천국으로 갈지, 지옥으로 갈지 심사를 받을 겁니다.

호 그렇군요. 주호민 작가의 웹툰 〈신과 함께〉에 나오는 세계가 실재하는군요.
철 맞아요. 그런데 혹시 당신 지승호 씨 아닌가요?

호 어, 그러고 보니 해철님이시네요. 자다가 깨서 못 알아봤어요. 그런데 여긴 어쩐 일이세요.
철 저는 운이 좋았는지 천국으로 가게 됐습니다. 그리고 여기에 처음 온 사람들을 위해 안내도 하고 노래도 들려주는 자원봉사를 하고 있어요.

호 아, 여기서도 좋은 일을 하시네요. 돌아가시기 몇 달 전에 마지막 문자를 주고받았던 생각이 납니다. 세월호 희생자였던 고故 이보미 양과 김장훈님이 듀엣으로 부른 〈거위의 꿈〉 링크를 보내주셨잖아요. 김장훈님에 따르면, 그때 많은 기술적 도움을 주셨다던데요.

철 그때 6년 만의 신곡 활동을 앞두고 있었는데, 부탁을 받았어요. 거절할 수 없잖아요. 열흘 정도 녹음실에서 밤을 새웠던 것 같은데, 사안이 사안이라 더 힘들었죠. 저도 아이를 키우고 있고요.

호 세월호 아이들과는 가끔 만나시나요?

철 가끔 모여서 노래도 부르고 그래요. 친구들 구명조끼부터 챙길 정도로 배려심 깊고 착한 아이들이라 같이 있으면 마음이 편하고 즐겁죠.

호 제가 그때 '시간 될 때 식사 대접을 하고 싶습니다'라고 문자를 보냈는데, 그게 마지막이 되었습니다. 같이 밥 먹으면서 《신해철의 쾌변독설 2》를 제안하고 싶었거든요. 《신해철의 쾌변독설》을 같이 만들던 그 시간이 제 인생에서 가장 행복했던 순간 중 하나입니다.

철 진작 연락을 하지 그러셨어요? 제 팬들에게 "힐링이 되는 인터뷰였다"고 말한 적도 있거든요.

호 그러게 말이에요. 아프시다 복귀해서 활동을 새로 시작하던 시점이라 조금 더 여유가 생겼을 때 연락드려야지 하고 생각했죠. 아, 참 저희 신해철님 다큐멘

터리 만들어요. 〈무현, 두 도시 이야기〉(2016) 만들었던 조은성 프로듀서하고, 안영진 감독 그리고 음악 감독으로는 시나위 신대철님이 참여합니다. 저도 구성작가로 참여하고요(이 프로젝트는 여러 사정상 무산되었다).

철 영화가 어떻게 나올지 궁금하네요. 제 가족을 비롯해 밴드 멤버 등이 저에 대해서 어떻게 얘기할지도 궁금하고 반갑기도 하고, 애틋하기도 해서 눈물이 날 것 같습니다. 언제 개봉하나요?

호 해철님 5주기인 2019년 10월 개봉을 목표로 하고 있습니다.
철 시간이 좀 걸리는군요.

호 그래서 《신해철의 쾌변독설》을 다시 읽고 있는데요. 해철님의 마지막 멘트가 "나중에 같이 맛있는 거나 먹으러 가죠"였더라고요. 식구食口라는 것이 같이 밥을 먹는 입이라는 뜻인데, 이때부터 저를 식구로 생각했구나 하는 생각을 제 맘대로 해봤어요.(웃음)
철 하하. 마음대로 생각하시고요.(웃음) 하긴 제 성격상 언론인을 형이라고 부르는 경우가 흔한 일은 아니긴 합니다.

호 황망하게 돌아가시고 밤새 울면서 신해철님의 곡을 80여 곡 정도 들었습니다. 그때 든 생각이 '이렇게 좋은 노래를 많이 만들었듯, 앞으로도 이만큼 더 만들었어야 하는데'였어요.
철 의욕적으로 음악 작업을 하고, 밴드도 재건하려던 상황에서 그런 일을 당해서 저도 황망했죠.

호 그때 잡지 〈그라치아〉에서 신해철님 관련 추모의 글을 써달라고 청탁이 왔는데, 아무것도 하기 싫더라고요. 그래서 전화를 안 받았는데, 계속 전화를 하고 문자를 보내는 거예요. 그래서 '못 하겠다'는 말이라도 하는 게 예의다 싶어서 전화를 했는데, 담당 기자가 우느라 아무 말도 못 하더라고요. 그래서 오히려 제가 차분해져서(?) 물었죠. "몇 매고, 언제까지 써드리면 될까요" 하고요.(웃음)

철 그러게 있을 때 잘하라고 그렇게 얘기를 했는데.(웃음)

호 그런데 슬픔이 조금 가신 어느 날 제가 인터넷 서점에서 《신해철의 쾌변독설》의 판매지수를 검색하고 있는 거예요. '아, 내가 진짜 쓰레기가 됐구나' 하는 생각에 또 펑펑 울었습니다.

철 아이고, 울지 마세요. 제가 '산 사람은 살아야죠'라는 말이 쓰이는 맥락이 싫어서 그 말을 좋아하지 않는데요. 이럴 때는 그 말을 해줄 수밖에 없네요. 산 사람은 살아야죠.

호 더 슬펐던 것은 판매지수에 큰 변동이 없었다는 겁니다.(웃음) 우리 해철님이 사라졌는데. ㅠㅠ

철 헉, 그건 정말 슬픈 일이네요.(웃음)

처음 너를 본 순간부터 나는 이미 알고 있었지
내 삶의 끝까지 가져갈 단 한 번의 사랑이 내게 왔음을

〈고백〉 중에서

호 늘 팬들에게 "있을 때 잘해"라고 말하고, 뒤늦게 아쉬움을 표하는 팬들에게 쌤통이라고 놀리곤 하셨죠.(웃음) 장난기도 많았고, 누구보다 사랑꾼이셨어요. 수많은 사랑 노래를 만드셨고요.

철 저는 이상하게 현재진행형이 아니면 사랑 노래가 써지지 않더라고요.(웃음)

호 그러면 그 많은 노래를 만들 때 모두 현재진행형이었다?(웃음)

철 이래 봬도 록스타니까요.(웃음)

호 사모님이 암 진단을 받자 오히려 청혼한 것을 보면서 과연 신해철답다는 생각이 들더라고요.

철 그럼 마누라를 버려야 합니까?(웃음)

호 〈그대에게〉만 봐도 '내 삶이 끝나는 날까지 나는 언제나 그대 곁에 있겠어요'라는 가사가 나오잖아요.

철 '내 삶의 끝까지 가져갈 단 한 번의 사랑'과 끝까지 함께했다는 면에서 저는 행복한 사람입니다. 다만 아내와 더 많은 추억을 만들지 못한 것이 아쉽죠. 아이들이랑 고양이와도요.

호 《신해철의 쾌변독설》이 나오고 1, 2년 후에 팬들이랑 엠티 다녀온 거 기억나세요?

철 그럼요.

호 　그때 저를 보고 "왜 오셨어요?" 그러셨잖아요. 제가 "저도 팬이니까요" 하고, 노래방 기계 반주로 팬들이 노래를 부르는 시간에 〈고백〉을 불렀거든요. 그때 다른 팬들이 "어, 진짜 팬이시네" 하더라고요.(웃음)

철 　팬들 외에는 잘 알려지지 않은 노래죠.

호 　윤종신님이 《월간 윤종신-TRIBUTE TO SHINHAECHUL》을 통해 리메이크해서 알려지기도 했습니다.

철 　고마운 후배죠. 그 친구도 보고 싶네요. 정우성 씨와 외모를 비교하는 것만 빼면 정말 괜찮은 친구입니다.(웃음)

호 　김장훈님이 유희열님이 진행하는 라디오 프로그램에 출연해 타이거 신발 광고를 가지고 놀렸는데요. 〈슬픈 표정 하지 말아요〉 노래를 배경으로 "슬픈 표정 하지 마. 타이거가 있잖아"라고 멘트했던 광고요. 지금 생각하면 어떠세요?(웃음)

철 　누구나 흑역사는 있잖아요. 그런데 장훈이 형이 그런 걸 가지고 어떻게 놀릴 수 있는지 모르겠네요.(웃음) 그 형은 좋은 일도 많이 했지만, 본인도 흑역사 대마왕 중 한 명인데 말입니다. 선배라 뭐라 할 수도 없고.(웃음)

호 　결혼 전에는 아버지 어머니 누나로 이뤄진 가족보다 밴드를 앞에 두었다고 말씀했는데요.

철 　저는 솔로 아티스트가 아니니까요. 솔로는 제게 사이드 프로젝트예요. 저는 신해철이란 이름으로 앨범을 내게 되면 굉장히 늘어져요. 넥스트라는 이름으로 내면 졸라 긴장하고요. 이거야말로 내 명예와 직결되니까.

호 신해철이라는 이름이 본인의 명예와 직결되는 게 아니고요?
철 네, 저는 밴드를 할 때 가장 행복합니다.

호 그래서 멤버가 나가거나 밴드가 해체될 때 자살을 생각할 정도로 괴로워하기도 하셨죠.
철 그랬죠.

호 그럴 때 사람들은 신해철이 독재를 해서라거나, 신해철의 성격이 나빠서일 거라고 짐작했어요. 그런데 실제로 보니 멤버들에게 손수 고른 음악을 들려주고 그들의 의견을 경청하는 모습이었습니다.
철 보셨듯이 평상시 저는 다른 사람들의 말을 주로 듣는 편입니다. 독설가나 달변가는 제 사회적 역할이었던 것뿐이죠.

호 인터뷰가 끝난 어느 날 싸이렌 엔터테인먼트 대표실에서 멤버들과 코냑을 마시면서 CD를 들었던 기억이 나네요. 흥이 오르자 김세황님께서 라이브로 연주를 했고, 음악을 좋아하는 사람으로서 그런 호사가 없었습니다. 그때 들었던 노래 중에서 캔자스의 〈Carry On My Wayward Son〉이 기억납니다. 속으로 '신해철이 캔자스를' 하고 생각했거든요.
철 왜요? 저는 포리너의 〈Juke Box Hero〉도 좋아하고, 프린스의 〈1999〉도 좋아합니다. 딥 퍼플이나 핑크 플로이드, 킹 크림슨만 좋아하는 게 아니거든요. 오히려 교조적으로 '이런 음악 아니면 안 들어. 이런 음악 아니면 음악도 아냐'라는 태도를 경멸해요. 자주 말했지만, 음악의 신은 천개의 얼굴을 가지고 있다고 생각합니다. 품이 넓은 신이죠.

호 그때 흥이 올라 합주실로 가서 연주했고, 딥 퍼플의 〈Highway Star〉를 부를 때 제가 마이크를 잡았거든요. 평생 기억에 남을 일 중 하나죠. 넥스트의 반주로 노래를 하다니.(웃음)

철 기억이 나는 것 같네요. 과한 바이브레이션이 좀 거슬렸지만, 그럭저럭 들을 만했습니다.(웃음)

**하나만 약속해줘 어기지 말아줘 다신 제발 아프지 말아요
내 소중한 사람아 그것만은 대신해줄 수도 없어 아프지 말아요.**

〈단 하나의 약속〉 중에서

호 공교롭게도 마지막 솔로 앨범의 제목은 《REBOOT MYSELF》고, 마지막 트랙이 〈단 하나의 약속〉입니다. 아프지 말라고, 그것 하나만 약속해달라고, 너만 있으면 된다고 하고는 떠나셨어요.

철 아니, 저라고 그렇고 싶었겠어요. 이 양반이 보자 보자 하니까.

호 죄송해요. 저는 그런 뜻이 아니고. ㅠㅠ

철 장난이에요. 놀라셨어요?

호 헉. ㅠㅠ

철 뭐, 세상일이 뜻대로 되는 건 아니니까요. 아까 말씀드린 대로 사랑 노래는 현재진행형일 때만 만들어지는데요. 〈단 하나의 약속〉은 만들다가 놔두고 또 만들다가 말았던 노래입니다. 그런 경우 사장될 가능성이 매우 높은데, 이 노래는 아내와 아이들을 겹쳐 생각하니 만들 수 있었어요.

호 결국 그 노래가 마지막 트랙이 되었다니 운명의 장난 같네요.
철 얘기가 나오니 아내와 아이들이 보고 싶네요.

………

호 혹자는 조용필, 김수철, 들국화, 봄여름가을겨울, 신촌블루스, 시인과 촌장, 시나위, 김현식, 송골매, 이문세, 조동진, 어떤날 등이 활동한 1980년대를 가요계의 최전성기로 치기도 하고, 어떤 이는 신중현, 산울림 등이 다양한 음악적 실험을 했던 1960년대 말과 1970년대 초를 그렇게 보기도 합니다. 또 다른 이는 서태지와 아이들, 신해철, 넥스트, 신승훈, 듀스, 현진영, 015B, 김건모, 강산에, 윤도현, 김광석, 이상은, 이승환, 패닉, 이적, 박진영, 이소라, 크라잉넛, 토이, 노브레인 등이 등장한 1990년대를 그렇게 보거든요. 지금은 그에 비해 침체되어있다고 느껴지는데요.
철 음악 시장의 침체는 전 세계적 추세이긴 하지만, 현재 한국은 지나치게 심하죠. 총체적 난국이라고 볼 수 있습니다. 그런데 한국 음악 시장의 문제를 지적하는 데 있어서 기이할 정도로 다뤄지지 않는 게 대중의 책임에 대한 문제입니다. 대중은 전지전능한 시점에서 좋네, 나쁘네만을 이야기하죠. 자기들이 주도권을 쥐고 있고, 최후의 결정권을 가진 상황에서 책임을 지지 않아요. 인터넷을 좀 보세요. 사람을 사람으로 취급하지 않습니다. 뮤지션을 우상으로 떠받들어달라는 게 아니라, 그저 한 인간에 대한 최소한의 예우도 안 해준다는 말이에요. 그런 면에서 1990년대 뮤지션이었던 우리는 러브와 리스펙트를 동시에 받았던 엄청난 수혜자들이었습니다. 그게 어느 날 사라져버렸어요. 게다가 문화비 지출을 자기 인생에서 맨 마지막 순서에 놓아버립니다.

호 한국에 길거리 악사가 드문 이유도 거기에 있죠.

철 돈을 놓고 가는 사람이 드물죠. 저는 한국 음악의 몰락이 FM 라디오에서 팝송을 끊기 시작한 시점에서 시작됐다고 봅니다. 올 타임 명곡들을 들으면서 귀를 훈련받던 대중이 트레이닝의 기회를 상실해버렸어요. 귀가 하향 평준화된 대중 사이에서 뮤지션이 탄생하는데, 하향 평준화된 작곡가와 뮤지션 들만 늘어나기 시작한 거죠. 과거에 이미 검증이 끝난 100곡, 1,000곡 가운데 살아남은 명곡 중 100곡을 모아서 듣는다는 건 엄청난 파워를 가지는거거든요. 게다가 어린 시절 자신의 히어로를 중간에 내다 버리는데, 그건 어쩌면 자기를 버리는 거죠.

호 그건 음악뿐 아니라 모든 영역에서 그런 것 같습니다. 그걸 철이 드는 거라고 착각하기도 하고요. MP3 불법 다운로드에 대해서도 비판을 많이 하셨잖아요.

철 MP3로 인해서 가요계가 박살이 난 건 맞는데, 결정타가 하나 터지면 날아가기 좋은 구조로 때만 기다리고 있었다고 봐요. 폐암으로 죽은 것 같지만, 이미 이 환자는 백내장, 위염, 관절염 등등을 앓는 심각한 상태였던 것처럼요. 이게 문화비를 아끼려는 대중의 속성 등과 맞물리면서 대폭발이 일어난 겁니다.

호 그러면 음악을 대하는 태도는 어떠해야 할까요?

철 답은 간단합니다. '소중하게 여겨라', 소비자들이 음악을 우습게 여기는데 좋은 음악이 나올 수가 없잖아요.

호 음악 씬 얘기를 하다 보니 우울해지네요. 예전에 박찬욱 감독이 신해철님의 〈딴지일보〉 인터뷰를 보고 '구라를 예술의 경지로 끌어올렸다'고 평했거든요. 제가 만난 인터뷰이 중에서도 탑3 안에 드는 구라인데, 비결이 뭐냐는 질문도 많이 받았을 것 같아요.(웃음)

철 사람들 대부분이 제가 자기 말만 실컷 하고 그다음에 '에브리바디 샷더마우스' 하면서, 내 말은 전부 맞고 네 말은 전부 틀리다고 할 거라고 생각하는데요. 그건 대화라는 걸 너무 얕잡아보는 게 아닌가 싶어서 기분이 나빠요. 제가 가장 중요시하는 대화의 기술은 듣는 겁니다. 두 번째 대화의 기술은 마음, 상대방을 배려하는 마음이에요. 대화의 목적이 상대방을 제압하거나 잘난 척을 하고자 함이 아니니까요.

호　실제로 일상생활에서는 말이 없고, 주로 듣는 편이시더라고요.
철　그래서 저를 만난 사람들이 당황하나 봐요. 막 오버하면서 떠들고 갈 줄 알았는데, 계속 실실 쪼개며 듣고 있으니까요.(웃음)

호　외로움도 많이 느끼시는 편이죠?
철　그런 것 같아요. 어린 시절에도 굉장히 심한 편이었고, 군중 속에서 고독을 느끼게 된 다음에는 더 심해졌죠.

호　어떨 때 가장 고독하세요?
철　밴드와의 커뮤니케이션이 붕괴될 때인 거 같아요. 음악적인 문제, 인간적인 문제까지 포함해서요.

호　고독이라는 단어를 들으니 생각나는 장면이 있는데요. 학원 광고를 찍고 비난의 광풍이 일어났을 때도 위악을 택하셨어요. "평소 소신이었다"고 말하고 나서 더 큰 비난이 몰아쳤죠. 평소 신해철의 소신과 모순된다는 비난이었는데요.
철　사실 저는 공교육을 비판해왔지, 사교육을 하면 안 된다고 말하지는 않았습니다. 오히려 아이들을 굳이 학교에 보내지 않고 집에서 아내와 제가 홈스쿨링으로 교육하겠다는 생각도 했으니까요. 다만 설명을 섬세하게 하지 못했다는 생각이 듭니다. 물론 그 광고를 찍겠다고 한 이유에는 당시 회사의 운영자금 문제도 포함되었다고 보시면 될 것 같아요. 저를 위해서 쓰일 돈이었다면 그런 선택은 하지 않았겠죠. 그런데 비난에 직면했다고 사과를 하거나 변명을 하기는 싫었습니다.

호 '대중은 오해를 할 권리가 있고, 나는 변명하지 않을 권리가 있다'는 해나 아렌트의 말이 떠오릅니다. 그때 오피스텔에서 하염없이 모니터를 보던 옆모습이 아직도 기억나거든요. 세상에서 가장 쓸쓸해 보이는 모습이었죠. 뭐라고 설명하기 힘든, 지치고 원망스러운 듯한 표정이었어요.
철 큰 파도가 올 거라는 각오는 했지만, 쓰나미가 와버렸으니까요.(웃음)

호 자유로워 보이는데, 책임감이 굉장히 강하신 것 같아요. 어느 날 전화로 "허지웅 씨 잘 아시죠? 제가 한국판 〈맥심〉 편집장을 맡게 되었는데, 그 친구 어떤가요?" 하고 물어보셨잖아요. 저는 "아, 글도 잘 쓰고 좋은 친구입니다"라고 답했고요. 허지웅 씨도 곧 제게 전화를 해 "신해철님이 이런 제안을 했는데, 어떻게 생각해?"라고 물었고, 저는 "좋은 사람이니까 같이 한번 해봐" 했죠. 두 분이 창간 준비로 같이 먹고 자면서 많은 교류를 나눴는데, 일이 좀 잘 안돼 그 일에서 빠져나왔잖아요. 그 일이 못내 미안했던지 허지웅 씨를 끝까지 챙기는 모습을 보여주셨어요.
철 제가 그 친구 결혼식에서 축가를 불렀잖아요. 〈일상으로의

초대〉였죠. 삑사리가 나서 창피했던 기억이 납니다.(웃음)

호 그때 그 노래를 지웅이는 세상에서 가장 아름다운 노래였다고 기억하더라고요. 뭐, 형이 불러준 노래니까요.(웃음)
철 저도 좋았습니다.(웃음)

호 심리학 박사 황상민의 《대한민국 사람이 진짜 원하는 대통령》(2005)에 보면 '참신한 별종 이미지를 가진 사람'으로 노무현, 홍준표, 유시민, 노회찬, 도올 김용옥, 신해철 등을 꼽습니다. 음악평론가 김작가는 "신해철을 음악계의 김용옥이라고 하는 사람도 있고, 어떤 사람들은 관우에 비교하기도 한다"고 했고요.
철 하하하. 가수치고는 참 희한한 입장이 되어버렸어요. 감사하기도 하고 부담이 되기도 합니다.

호 영국에서 앨범 낼 때 그쪽 스탭들이 올리버 크롬웰을 따서 '크롬'이라는 이름을 붙여줬다면서요.
철 그러게요. 이놈의 카리스마는 외국에서도 알아보더라고요. 심지어 지면 네임도 지어줬어요. 히틀러라고.(웃음)

호 포지티브의 힘이 더 강하다는 믿음으로 성과를 거두셨잖아요. 예전 〈딴지일보〉가 기획한 〈무붕 콘서트〉 때 생각이 나네요.
철 "그들은 붕어가 아니다. 아티스트다"라는 게 아니거든요.

"붕어도 사랑해주세요"라는 거잖아요. "우리 삶에는 붕어도 필요해요. 붕어 예쁘지 않아요? 난 붕어 좋은데"라는 거죠.

호 1992년 〈내일은 늦으리〉 콘서트 때 프로듀서를 하셨어요. 당대 최고 스타인 서태지, 이승환, 신성우, 윤상, 신승훈, 015B, 봄여름가을겨울, 푸른하늘 등이 총출동해서 '환경'이라는 주제로 각각 곡을 만들어 콘서트를 하고 앨범까지 냈습니다. 〈더 늦기 전에〉는 한국판 〈위 아 더 월드〉라고 불릴 정도였고요. 지금으로 치면 방탄소년단, 엑소, 소녀시대, 워너원, 트와이스, 세븐틴, 레드벨벳, 마마무 등이 한무대에서 한 가지 사회적 주제로 곡을 만들어 공연을 한 셈이잖아요.

철 그때는 지금처럼 메이저와 안 메이저로 단순하게 나뉜 시대가 아니고, 전선이 훨씬 더 복잡한 시대였습니다. 지금은 주류와 비주류가 순환하면서 생기는 에너지가 사라진 시대죠.

호 지금은 시대의 연대의식이 옅어진 걸까요?
철 2016년의 촛불집회를 보더라도 연대의식이 옅어졌다고 볼 수는 없을 것 같아요. 물론 예전처럼 거지가 집에 오면 밥을 주는 시대는 아니죠. 하지만 그것보다는 자의식을 가진 아티스트 군이 전멸했거나 영향력이 감소한 이유가 클 겁니다.

사는 게 무섭지 않냐고 물어봤었지. 대답은 그래 예스야.
무섭지. 엄청 무섭지. 새로운 일을 할 때마다.
또 한 살 한 살 나이를 먹을 때마다. 근데 말이야 남들도 그래.

> 남들도 다 사는 게 무섭고 힘들고 그렇다고,
> 그렇게 무릎이 벌벌 떨릴 정도로 무서우면서도
> 한 발 또 한 발 그게 사는 거 아니겠니.
>
> 〈Letter to myself〉 중에서

호 같이 음악을 했던 분 중에서는 어떤 분들이 생각나세요?

철 송골매는 제게 밴드가 즐거운 직업이라는 것을 가르쳐줬고, 산울림에게서는 면도날 같은 도전 정신과 가사 쓰는 법을, (김)현식이 형한테는 음악을 하는 애티튜드를 배웠죠. (김)수철 형에게서는 한국 사람도 저렇게 기타를 칠 수 있구나, 조용필 선생님으로부터는 완성도에서 이상향으로 가고 싶은 욕망 같은 것을 배웠습니다. (김)태원 형은 직접 스승에 해당하고, (김)광석이 형은 얼마 전에 잠깐 봤는데 "형 재수 없어"라고 말해줬어요.(웃음)

호 아니, 왜요?(웃음)

철 저를 두고 먼저 떠났잖아요.(웃음)

호 돌아가시기 일주일 전쯤 우연히 만나서 "해철아, 잘해라", "네", "잘하라고", "네"라는 대화를 나눴던 고故 김현식님은 만나보셨나요?

철 제게 주신 일종의 유언이죠. 그래서 얼마 전에 만나서 여쭤봤어요. "왜 잘하라고 했냐?"고. "인마, 잘하는 게 좋잖아"라고

하시더라고요. 카리스마 있어 보이는데, 생각보다 싱거운 사람이에요.(웃음)

호 대마초와 관련해 처음으로 토론에 나가셨을 때가 생각납니다. 파탄이 날 수 있는 행위를 반복하고도 결과적으로 살아남았는데요. 그런데 나중에는 새로운 포지셔닝이 됐다는 평가를 하더군요.

철 그랬었죠. 씁쓸했어요.(웃음) 토론에 나와달라고 청한 피디에게 처음에는 화를 냈어요. "이게 말이 되는 얘기냐?"고요. 그러다가 "내가 참석해야 하는 이유를 설명해서 내가 납득하면 출연하겠다"고 했거든요. 그래서 찾아온 피디와 밤새 음악에 관한 수다를 떨었고, 어쩔 수 없이 출연하게 됐죠.(웃음) 사실 요청받았을 때는 좀 황당하기도 했고, 썩 유쾌한 기분이 아니었습니다. 이미 십수 년이 지나 사람들의 기억에서도 희미해져가는 제 전력을 스스로 들춰내는 미친 짓을 할 이유도 없거니와 국민 정서 등을 감안해봤을 때도 백전백패가 분명한 확실히 지는 싸움이었거든요. 그때 매니저들 얘기가 "이건 진다"가 아니라 "죽는다. 연예인으로서 끝난다"였고, 얼마 있지도 않은 광고 제의도 일제히 끊겼으니까요.

호 이슈화해야 하는데, 참여하려는 연예인이 없다는 시민단체의 설득으로 나간 2003년 '이라크전쟁과 파병 반대 1인 시위' 때, 해철님이 5분을 남기고 나타나 바로 국회의사당으로 돌진해서 절규하더라, 매우 실망했다는 얘기를 전해

들었습니다. '어, 그럴 분이 아닌데' 싶어서 곰곰이 생각해보니 짐작되는 바가 있더라고요.

철 아마 짐작하신 대로일 거예요. 앞의 일정이 지연되어서 늦게 도착했습니다. 그래서 일단 언론에 이슈라도 만들자고 생각해서 한 퍼포먼스였죠. 연예인이 그런 이슈에 참여해 1인 시위를 하는 것은 그 사안을 이슈화하기 위해서가 가장 큰 이유거든요.

호 그러면 설명이라도 해주지 그러셨어요?

철 아시다시피 그렇게 제 입장을 일일이 얘기하는 것에 익숙하지가 않았어요. 그래서 오해도 많이 샀기 때문에 앞으로는 그렇게 해야겠다는 생각은 늘 있었는데, 쉽지가 않더라고요.

호 대중음악평론가 강헌 씨는 "신해철이 철학적 수사학을 한국 대중음악사에 처음으로 실현시키는 데 성공했다. 한국의 식자층에서 입을 모아 밥 딜런의 성과를 칭찬하면서 신해철의 업적에 대해서는 그렇게 대단히 가혹하게 비아냥거리는 것은 잘못이라고 본다"고 했습니다. 밥 딜런의 노벨문학상 수상 논란은 어떻게 보세요.

철 노벨문학상 역시 이벤트적 성격이 있기도 하고, 시대의 흐름과 전혀 무관하지는 않다고 봅니다. 국력과도 상관이 있을 테고요. 밥 딜런을 충분히 시인이라고 볼 수도 있죠. 그렇다고 해서 매년 노벨문학상 후보에 오르내리는 한국 시인보다 뛰어나다고 말할 수 없을 겁니다. 밥 딜런에게 축하는 해주되 그것이 우리를 폄하하는 계기는 되지 않아야 한다고 생각해요.

호 진중권님과 셋이 만나 밥을 먹고 술을 마셨던 기억도 즐거운 기억 중 하나입니다. 그분 집안이 쿨해서 가족들 소식을 언론을 통해서 듣곤 한다고 했거든요. '둘째 누나가 큰 음악상을 받았네' 하고.(웃음) 그런데 오랜만에 누님이 한국에 들어왔다고 전화를 하셨는데, "나, 지금 신해철님이랑 밥 먹어" 하고 단호하게 끊었잖아요.(웃음)

철 잃어버린 형제를 만난 듯 좋았죠. 그후 가끔 뵈었어요. 사부님이라고 부르면서.

호 사람들은 간혹 두 분이 논쟁하기를 바라기도 했습니다.

철 저는 어떠한 논점을 두고도 진중권님과 싸우고 싶지 않습니다. 당대의 대검객과 칼을 맞대고 싶은 마음도 없지만, 설사 제가 이길 공산이 있더라도 그런 검객 앞에서는 칼을 내리고 '안 하면 안 되겠습니까' 하고 예의를 갖춰야지 않을까 하고 생각하거든요. 사실 영화 〈디워〉 사태 때 〈디워〉를 옹호하는 측의 패널로 섭외를 받았지만, 거절했습니다. 당시 〈디워〉 주 관객층의 관점은 둘 중 하나였어요. '(문제점이 뭔지) 알거든, 근데 상관없거든'이든지 '(문제점이 뭔지) 모르거든, 근데 상관없거든'이거든요. '우리는 용만 멋지면 돼' 여기서 둘 다가 동시에 합창하는 거란 말이죠.(웃음)

소년아 저 모든 별들은
너보다 먼저 떠난 사람들이 흘린 눈물이란다.
세상을 알게 된 두려움에 흘린 저 눈물이
이다음에 올 사람들을 인도하고 있는 것이지

〈해에게서 소년에게〉 중에서

하늘의 별이 하나둘씩 사라져 가는 것은
땅 위 사람들이 흘린 눈물이 말라가기 때문에

〈A poem of stars/별의 시〉 중에서

호　많은 사람이 떠나갔고, 이제 남은 사람들의 눈물은 말라가고 있습니다.
철　제가 노래 가사에도 썼듯이 '먼저 떠난 사람들의 눈물이 다음에 올 사람들을 인도'하고 있을 겁니다. 고故 노무현 대통령이 그랬듯이요.

호　혹시 만나보셨나요?
철　그럼요. 가끔 찾아뵙고 봉하 막걸리 마시면서 이런저런 세상 얘기를 나누고 돌아옵니다.

호　막걸리요?
철　네. 살아있을 때는 코냑을 주로 마셨는데, 막걸리에도 맛을 들였네요. 그리고 노짱께서 가끔 자전거를 타고 제가 노래 부르는 곳에 놀러 오시기도 합니다.

호 강헌 선생님이 3주기에 출간한 평전 《신해철: In Memory of 申海澈 1968-2014》(2018)는 읽어보셨나요?

철 네. 저에 대해서 가장 잘 아는 분이고, 사고가 나기 전에 가장 많은 이야기를 주고받았던 분이니까요. 같이 논의했던 뮤지컬 대본이 나왔던데, 꼭 무대에 오르는 모습을 봤으면 좋겠습니다. 제가 생전에 강헌 형의 부탁을 많이 들어드렸으니 꼭 만들어주시리라 믿어요.《정글 스토리》OST도 그렇고,《박노해 노동의 새벽-A Tribute to the 20th Anniversary》, 고故 노무현 대통령 추모 음반 《脫傷-노무현을 위한 레퀴엠》에도 그 형의 부탁으로 참여했으니까요. 그러고 보니 완성도가 높은 앨범들이네요. 그런 면에서 그 형이 제게 준 선물이라고 볼 수도 있을 것 같습니다.

호 〈그대에게〉를 늘 넘어서고 싶어 하셨잖아요. 강헌 선생님이 공연 프로듀서를 맡으면서 '항상 〈그대에게〉로 피날레를 했으니 이번에는 오프닝 곡으로 해보자'는 제안을 했고, 해철님도 해색했는데 조금 있다가 안 될 것 같다며 힘없이 말씀하셨다는 이야기도 들었습니다.

철 그랬었죠. 사람도 운명이 있듯, 노래도 운명이 있는 것 같습니다. 새로운 모습 극복하는 모습을 보여주고 싶었지만, 그렇게 하지 못했죠. 어쩌면 새로운 작업들을 통해서 넘어설 수 있었을지도 모르는 상황이었는데, 의욕적으로 밴드를 재건해서 활동하려는 상황에서 그런 일이 생겼으니까요.

호 강헌 선생님은 '그에게는 언제나 다음(N.EX.T)이 있었다'고 했어요. 다음은 무엇이었을까요?

철 새로운 음악적 실험이었겠죠. 음악에 재능이 없던 시절 '음악만 하게 해준다면 섹스도 하지 않고, 내 이름으로 된 집도 가지지 않겠다'고 신께 맹세했거든요.

호 섹스를 하지 않겠다는 약속은 못 지키셨잖아요.(웃음)

철 아니, 이분이.(웃음) 그래서 다음 약속을 더욱 철저히 지키려고 했어요. 제 이름으로 된 집을 가지지 않았고, 음악으로 번 돈은 거의 새로운 음악을 실험하는 데 써왔습니다. 아마 평생 그 약속은 지켰을 겁니다.

호 저도 궁상을 넘어서 궁상각치우를 배워 음악을 해보려던 차에….

철 이분이 아직도 로우 개그를 하시네.(웃음)

호 끊기가 힘드네요.

철 그 심정은 제가 좀 압니다.(웃음)

호 신해철님이 살해당했다고 주장하는 의견도 있습니다.

철 음모론은 음모론일 뿐입니다. 하지만 음모론이 사실로 밝혀지는 경우도 있긴 하죠. 제 일이기 때문만이 아니라, 정확한 사인과 의사의 책임 같은 것이 합리적 근거를 통해 밝혀졌으면 좋겠습니다.

호 그 의사는 그 이후에도 한동안 영업을 했어요. 그로 인해서 다른 사건들이 탐사보도를 통해 드러나기도 했고요.

철 그건 정말 화가 나는 일입니다. 의료 과실의 경우 의사들의 책임이 너무 제한적인 부분도 문제가 있고요. '신해철법'을 통해 그런 일들을 개선할 수 있기를 바랍니다. 다만 그 과정에서 아내가 너무 많은 고통을 겪는 것 같아 안타깝습니다.

호 저는 어디로 가게 될까요?

철 알아볼 수는 있지만 규정 위반이어서 알려드릴 수가 없네요. 천국에서 다시 뵙기 바랄게요.

호 아, 아무래도 저는 지옥으로 갈 것 같아요. 살면서 잘못을 너무 많이 저질렀거든요. 반가운 마음에 제가 더 많이 떤, 그래서 실패한 인터뷰인 것 같습니다.

철 실패 좀 하면 어떻습니까? 자주 봬요.(웃음) 그리고 제가 〈그들만의 세상 Part 3〉에 썼던 가사를 잊지 말아주셨으면 좋겠습니다. '어디 있든 무엇을 하든 이거 하나만은 절대 잊지 마. 우리가 꿈꿨던 세상은 결국 올 거란 걸'. 우리 '고스 식구'들이 꿈꾸는 세상 말입니다.

호 저 역시 당신으로 인해 '약속, 헌신, 운명, 영원, 그리고 사랑'을 계속 믿을 수 있게 되었습니다. 영원히. 다음 세상에서도 제 친구로 태어나주시길.

2부

키워드로 다시 만나는 마을

우리에게 벼락같이 나타난 〈그대에게〉

방송작가 지현주는 〈그대에게〉에 대해 이렇게 말했다. "그분의 대학가요제 데뷔곡은 가히 혁명이라고 생각합니다." 그런데 아쉽게도 왜 '혁명'이라고 생각하는지 그 이유까지는 말해주지 않았다.

음악평론가 강헌은 2002년경 넥스트 공연 기획을 맡으면서 '항상 〈그대에게〉로 피날레를 했으니 이번에는 오프닝 곡으로 해보자'는 취지의 제안을 했다. 달라진 넥스트를 선언하고 시작해보자는 의미였다. 그런데 처음에는 반색하던 신해철이 곧 어두운 얼굴로 '아무래도 안 되겠다, 〈그대에게〉가 아니면 공연을 끝낼 수 없을 것 같다'고 했다고 한다. 사람만이 아니라 노래도 자신의 운명을 타고나는지도 모르겠다. 이 노래를 극복(?)하고 싶어했던 신해철조차도 이 노래를 결국 극복하지 못했는지도 모르겠다.

강헌은 그가 쓴 《신해철》을 통해 "현재까지도 경기장 응원석이나 선거 유세장의 가두방송 스피커에서 쉬지 않고 울려 퍼지는 〈그대에게〉는 1988년의 그랑프리를 넘어, 아마도 대학가요제 역사상 가장 압도적인 트랙으로 남을 것이다. 아니, 나아가 이 곡을 한국 대중음악사를 통틀어 높은 완성도와 폭발적인 대중성, 그리고 세대를 뛰어넘는 긴 생명력까지 두루 갖춘 위대한 데뷔곡으로 주장하는 데 나는 한점 주저함이 없다"고 주장하면서 "그의 기나긴 디스코 그래피에서 (싱글 차원에서만 볼 때) 이 곡이 지닌 파괴력을 넘어서는 넘버는 존재하지 않는다"고 덧붙였다.

잘 알려진 것처럼, 이 곡은 문방구에서 산 멜로디언을 가지고 아버지에게 들키지 않기 위해 이불을 뒤집어쓰고 만든 곡이었다. 대학가요제가 한여름을 피해 열렸기 망정이지, 안 그랬다면 이 불후의 넘버는 탄생조차 할 수 없었을지도 모르겠다. 1988년의 대학가요제를 신해철은 이렇게 회상했다.

"심사위원으로 조용필 씨가 나온 것이 결과적으로 우리한테 럭키하게 작용을 한 건데요. 그걸 사전에는 몰랐고요. 그 당시에 그러니까 그룹사운드가 죽은 다음에도 대학가요제가 일정 기간 공식처럼 지키고 있었던 게 솔로나 듀엣이 대상, 그룹사운드 금상. 이게 잠시 유지가 되더니 그다음에는 그룹사운드는 곁다리거나 동상, 이 공식이 굳어진 다음이었어요. 우리가 출전할 때쯤에는 그룹사운드는 안 된다는 인식이 팽배해있었거든요.

게다가 묘한 일이 87년도 대학가요제를 MBC가 굉장히 축소해서 치렀는데요. 그 이유가 87년도에 대학가요제를 하면서 참가자들을 데리고 간이 뮤지컬을 만들어서 대학가요제 중간에 넣는 기획을 한 모양인데, 내용이라든가 이런 것들이 마음에 안 든다고 출전자들이 뭉쳐서 반항을 했던 모양이에요. 출전자들 얘기가 뭐였냐면 대학가요제가 노태우 대통령 당선 축하공연처럼 되고 있다는 거였는데, 그들의 주장이 옳았는지 틀렸는지에 대해서는 지금의 저로서는 알 길이 없고요. 제가 알고 있는 것은 그런 주장으로 방송국과 충돌했고, 크게 실망한 MBC 측에서 대학가요제를 대단히 축소해서 치렀다는 거죠.

그 당시에 88년도의 대학가요제는 87년도에 못 이룬 대확장을 위해서 방송국을 벗어나서 스타디움에서 개최하는 초유의 사태를 벌였거든요. 그때까지 치른 모든 대학가요제 중에서 가장 큰 규모였어요. 잠실 체조경기장에서 했으니까요. 그 당시 공연이 가능한 가장 큰 스타디움에서 치른 거죠. 그게 대학가요제 본선의 막이 오르고 현장 분위기가 되니까 그렇게 생각할지 모르겠지만, 우리로서는 차별 대우를 받는다는 서글픔을 느낄 정도로 대우가 좋지 않았어요.

일단 멤버들이 서울대, 연대, 서강대였기 때문에 저놈들이 데모를 주도할 가능성이 있다고 해서 요주의 인물로 찍혀 있었고요. 그때 우리 멤버들의 성향을 생각해보면 웃긴 일이죠.(웃음) 그런 데다가 웃긴 게 솔로들이 서는 무대는 대형 중앙무대를 쓰고, 그룹사운드는 별도의 초라한 무대에 섰습니다. 등퇴장할 때

악기를 놓기가 뭐하기 때문이었던 것 같은데요. 그래서 무한궤도가 올라간 별도 무대는 모니터 시스템도 빈약하고, 멤버들이 발 놓을 때도 없는 그런 빈약한 무대였습니다.

그런저런 분위기상 참가자들은 주병선의 대상 가능성을 거의 9:1의 배당으로 보고 있었는데요. 현장에서 대역전승을 거둔 거죠. 관객들을 잡았어요. 심사위원들 마음에도 어느 정도 들었겠지만, 무한궤도가 대상을 탔던 이유는 일단 관객들을 잡았던 겁니다. 강변가요제 때 나가서 한 번 떨어졌는데, 그때 이상은이 대상을 탔거든요. 그때도 똑같았어요. 사람들이 노래는 이상우가 제일 좋다, 대상을 탈 거라고 했는데, 현장에서는 이상은이 끊임없이 화제가 됐어요. 이상은이 완전히 관객을 잡아버렸는데, 결국 역전승을 하더라고요.

〈그대에게〉는 바로 대학가요제라는 특성을 고려해 타깃 프로듀싱으로 만들어진 노래였습니다. '전주부터 무조건 화려하게 치고 들어가야 된다, 전진돌격대형으로 시작부터 돌격한다. 그다음에 곡이 좀 특이해야 한다, 하지만 노래 자체는 단순하다, 8비트의 누구나 따라 부를 수 있는 멜로디로 간다. 가사 자체도 현장 행사에서 가사가 전달될 리 없다, 쉬운 가사로 간다. 4분 동안 끊임없이 변한다, 지루할 시간을 주지 않는다'는 작전으로 만들어진 노래였는데요. 우리 퍼포먼스가 끝났더니 펜스에서 교복을 입은 학생들이 사인을 받으려고 막 뛰어내리더라고요. 전경들이 그걸 막으려고 난리가 났고요. 그걸 보면서 '앗, 잠깐만, 이 장면은 내가 불과 몇 개월 전에 강변가요제에

서 목격한 장면인데 설마 우리가 대상을 받는 거야?'라는 생각이 들었습니다.(웃음)

대상 수상자 발표를 하는데, 은상 부를 때까지 우리 이름이 안 나오니까 멤버들이 울먹울먹하면서 짐을 싸더라고요. 저도 처음에 사실 동상을 기대하고 있었거든요. 그런데 은상까지 불렀는데 안 나오니까 간이 확 붇더라고요. 만약에 금상에서도 우리 이름이 안 나오면 분명히 대상일 것이다, 그래서 금상에서 우리 이름이 나오지 않기를 간절히 바랐어요. 현장 분위기로 봐서는 우리가 상을 안 받고 집에 갈 분위기가 절대 아니었거든요. 금상 발표가 나고 나서는 '아니 대상을 받다니 이럴 수가' 이러고 있었기 때문에, 대상 발표 났을 때 저는 의자에 침착하게 앉아 있었어요. 사람들은 펄쩍펄쩍 뛰는 모습이 텔레비전에 나온 게 저였다고 생각하는데, 그건 베이스 치는 조형곤이었습니다. 복장하고 헤어스타일이 똑같아서 사람들이 헷갈린 거고, 저는 느긋하게 앉아 있다가 거만하게 걸어나갔어요."(웃음)

아무튼 1988년은 특이했다. 강변가요제는 이상우 대신 이상은을 택했고, 대학가요제는 주병선 대신 무한궤도를 택했다.

"올림픽의 들뜬 분위기를 〈담다디〉가 타고 갔던 것 같고요. 대학가요제는 올림픽이 끝난 다음이었으니까요. 그런데 뭔가 야로가 있지 않나 하는 의심을 받았던 것이 무한궤도가 연주할 때 조명이 엄청나게 화려하게 쏟아졌거든요. 나중에 얘기를 들어보니까 88올림픽 때 사용했던 조명 장비가 렌털 기간이 종료되기 직전에 MBC에 남아 있었던 모양이에요. 그걸 총동원해서 체조경기장에 깔았던 거죠. 사람들이 그 당시 그 분위기를 이해를 못 해요. 올림픽 분위기와는 상관이 없는 것이, 그 당시 히트곡은 무조건 발라드였어요. 그래서 출전 엔트리 16개 중에서 14개 팀이 발라드를 부르는 사태가 벌어진 겁니다. 관객들은 지루하죠. 조명기사는 핀 조명밖에 쓸 일이 없는 거예요. 솔로에 발라드인데 조명을 뭘 돌릴 겁니까? 그래서 이를 악물고 있다가 무한궤도가 나왔을 때 모든 조명을 올인해버린 거죠.(웃음) 거기다가 솔로들의 경우 응원단이 와봐야 몇 명이나 오겠어요. 지방대학 학생들 응원단이 상경해봐야 얼마나 오겠어요. 그런데 우리는 서울에 캠퍼스가 있는 학교의 연합 그룹사운드였기 때문에 우리 응원단 수가 꽤 많았어요.(웃음) 애들이 폭죽도 준비해오고, 관객석에서 난리 난리 바람을 잡았죠. 그리고 심사위원들이 조용필과 그 당시에 이름을 날리던 위대한 탄생 출신의 편곡자들이었으니까 우리를 기특하게 볼 요소가 있었던 거고요. 하여간 그런 운에다가 이런저런 것이 겹쳐서 88년 대학가요제는 막판 대역전승을 거둘 수 있었습니다."

당시 우주의 모든 기운이 신해철에게로 향했던 것 같다. 하지만 신해철의 음악에 대한 간절한 마음이 없었다면 그 기운을 자신의 것으로 만들지는 못했을 것이다. 〈그대에게〉가 화제가 된데는 무한궤도 멤버들의 학력과 신해철의 외모도 한몫했을 것이다. 소설가 임요희는 "신해철 같은 귀티나고 부드러운 아우라는 아무나 갖기 힘들다. 생긴 건 모범생인데, 의외의 음악을 한 것이 매력적이었다"고 말했다. 당시 많은 젊은 여성이 그렇게 느꼈던 것 같다.

좀 놀 줄 아는 동네 형, 오빠가 된
〈고스트 스테이션〉

생각해보면 그것 역시 혁명이었다. 사람들은 2011년 팟캐스트 방송 〈나는 꼼수다〉를 듣고 열광하면서 미디어 혁명이라고 칭송했다. 그런데 신해철은 그보다 10년은 빨랐다. 그는 스타의 위치에 있으면서도 새로운 미디어 실험을 주저하지 않았다. 그 프로그램의 오프닝 멘트는 다음과 같다.

"본 방송을 청취함으로써 발생하는 정신적, 육체적, 물리적 피해, 불면증, 정서 불안, 과대망상, 인성 변화, 귀차니즘, 대인기피, 왕따, 식욕부진, 발육부진, 성적하락, 가정불화, 업무능력 저하, 소득감소, 직장생활 부적응 등등에 대하여 본 고스트 스테이션 제작진 일동은 어떠한 책임도 지지 않음을 경고드립니다."

MBC에 근무하는 20대 박재인 씨는 이렇게 말한다.

"저는 고등학교 때 신해철의 〈고스트 스테이션〉을 듣고 좋아하게 됐어요. 수요일마다 하는 '쫌 놀아본 오빠의 미심쩍은 상담소'를 좋아했습니다. 저는 고2병에 시달렸는데, 소위 중2병보다 심각했거든요. 상담소에 고민 상담을 신청하고, 고민 상담이 나올 거라는 희망만으로도 마음이 충만했습니다. 사연이 채택되지 않아도 다른 사람들의 고민 상담을 들으면서 대리만족을 했던 것 같아요."

신해철은 〈고스트 스테이션〉에서 '쫌 놀아본 오빠의 미심쩍은 상담소'를 진행했고, '대국민 고충처리반', '100초 토론' 등도 진행했다. 그는 "상담 프로그램을 진행하면서 제일 재미있었던 기억은 어떤 거냐?"는 질문에 "재미를 느낄 시간이 없고 오히려 스트레스를 받는다. 재미를 느낄 수 있는 종류의 것이 아니다"라고 단호하게 대답했다. 우문에 현답이었다. 남의 고민을 진심으로 듣는다면 즐거울 수가 없다.

그는 오히려 상담을 하면서 자신에게 위로가 되고, 말을 하면서 부끄러울 때가 많기 때문에 스스로 반성을 많이 하게 된다고 말했다. 그리고 상담을 할 때도 대화의 원칙을 철저하게 지킨다고 했다. 상담을 하다 보면 한심하다는 생각이 들 수도 있고 야단을 칠 수도 있을 텐데, 자신은 그런 것을 배제한다는 것이다. 그는 철저하게 친구로서 대화하듯이 상담을 하는데, 상담에서 가장 중요한 원칙 역시 '잘 들어주기'다. 그러고 나서 진심이 담긴 충고를 했을 때, 상담을 원했던 사람을 만족시킬 수 있다. 그는 상담의 개인적인 원칙으로 '그 사람들보다 내가 위에 있다고 생각하지 말 것. 눈높이를 철저히 같은 위치에 맞출 것. 그리고 상담소지 재판소가 아니니까 그들의 잘잘못을 판단하려 들지 말 것' 등을 든다. 만약 '남자 친구랑 임신했다가 지우고, 임신했다가 지우고 이번에 다섯 번째예요'라는 고민을 들었을 때 '이제 어떻게 하면 좋으냐' 하는 상황에서 생각을 시작해야지, 야단을 치거나 '옳았어, 글렀어' 하는 얘기는 그 상황에서 아무 소용이 없다는 말이다. 하지만 예외도 있다.

"아주 예외의 케이스를 제외하고는 원칙을 지키는데요. 아주 특수한 예외가 있습니다. 상담을 해오는 자가 질편한 욕을 원할 때는 욕을 해요.(웃음) 아주 가끔 그런 경우가 있는데, 꾸짖어줄 사람이 필요한 거예요. 꾸짖어줄 사람의 위치가 어머니, 아버지, 형제여야 하는데 그게 안 되는 거죠. 관심을 받지 못하고 있다든가, 아니면 전혀 다른 포인트에서 짜증만 내고 있다든가, 이럴 때 누군가 정말 자기 입장에서 생각을 해보고 '그러면 안 돼'라고 화를 내줄 사람이 있어야 하는데, 그런 걸 간절히 원하고 있을 때는 질편하게 욕을 해주죠. '미쳤냐? 네가 지금 정신이 어디 붙어있냐?' 등등. 상담할 때의 주 캐릭터는 친구인데요. 오빠, 형 그리고 가끔 아버지상을 원하는 상담들이 있거든요. 그것도 되게 무서운, 누군가 나를 야단쳐서라도 어떻게 해달라, 게임 중독인데 끊을 수가 없다 정신 차리게 혼 좀 내달라, 이런 경우에는 가차 없죠. '그러다 뒈진다'까지 갑니다.(웃음) '너는 내 눈앞에 없어서 그런 건데, 있었으면 맞았어' 하고 질편하게 가는 거죠."

그 프로그램에 대해 그는 '연예인과 대중의 특수한 관계를 보여주는 유니크한 예'였다고 말한다.

"친구잖아요. 만일 오후 4시 프로그램 정도에서 그런 장난들을 쳤다면, '시청자를 우롱한다'부터 시작해서 난리가 났을 거예요. 원성은 나오는데, 그런데 그 원성이 '인간아, 인간아'부터 시작해서 '저 화상을 내가 7년째 봐요' 이런 식이죠."(웃음)

그는 방송을 통해 음악을 하는 후배들에게도 많은 감동과 영향을 주었다. 인디 가수 강백수는 신해철에 대해 '라디오 안에 있는 우리 형'이라고 표현했다. 그는 〈고스트 스테이션〉이 종방할 때까지 모두 다 들었고, "인디 씬을 고스트 인디 차트를 통해 다 들었다"고 말했다. 생전에 실제로는 신해철을 한 번도 만난 적이 없었던 강백수는 그의 빈소를 매일 찾아가 5일 내내 울었다고 한다.

"당신 때문에 우리가 이 지경이 됐어요. 촛불 정국 때 우리에게 정말 당신이 필요했습니다. 그 무대에 신해철이 있어야 했어요. 또다시 그런 시절이 올 때 강백수가 거기 같이 있을 수 있다면 좋겠습니다."

인디계의 살아있는 전설 크라잉넛의 베이시스트 한경록의

회고다.

"해철 형님께서 록밴드라서 저희 크라잉넛을 챙겨주신 것 같아요. … 라디오에서도 칭찬해주시고, 공연장 대기실에서도 '타투하면 멋있을 것 같다'고 살갑게 대해주셨습니다. 보컬 윤식이에게는 술자리에서 차고 있던 시계도 선물해주셨다고 들었어요. 마음씨 좋은 동네 형님처럼 대해주셨습니다."

그곳은 다양한 토론과 논쟁, 그리고 학습의 장이기도 했다. 이런저런 주제를 가지고 격론이 벌어지는가 하면 '이런 정보를 보내달라'고 신해철이 요청하면 수천 건의 의견이 쇄도하기도 했다. 컴퓨터 프로그래머 김범준은 재미있는 회고를 하기도 했다.

"짜장면에 삶은 계란이 올라와야 하는 것인가 아닌가 토론이 벌어졌었는데, 그게 재밌었어요. 안 나오던 가게에서 계란이 올라오기 시작했죠."

신해철은 〈고스트 스테이션〉을 구상하게 된 것에 대해 이렇게 얘기했다.
"우리나라의 라디오 방송이 너무나 후진적이고, 한국 특유의 포맷을 취하고 있다는 데서 착안했거든요. 외국 나가서 라디오 방송을 들어보니까 우리처럼 시그널 깔리고, 디제이 이름과 프로그램 이름 나오고 오프닝 멘트가 정해져 있고, 이런 프로그램이 없더란 말이에요. 굉장히 러프하게 만드는 것 같으면서도 역동적이더란 말이죠. 그리고 맨날 수필이나 잡지에서 볼 것 같은 뻔한 훈훈한 감동을 강요하는 이런 얘기 듣다가 미국 라디오 같은 것들을 들어보면, 되게 생활에 가까운 디제이와 1대 1로 엄청나게 가까운 그런 이야기를 하기도 하고 형식도 그래요. 예를 들어 우리는 그런 생각을 못 하잖아요. 그 당시에 인기 있는 곡이 있으면 1시간 동안 같은 방송에서 다섯 번씩 나올 수도 있다는 겁니다. 우리나라에서 말하는 라디오의 그 기본 포메이션이 결코 디폴트도 아니고 스탠더드도 아니구나, 그럼 내 맘대로 꾸미면 어떻게 할 수 있는 거야, 하고 생각해보니까 방송이 그렇게 되더라고요. 〈고스트 스테이션〉도 7년 동안 방송하면서 처음 이틀 동안은 시그널이 있었어요. 그런데 다음날 시그널을 틀기가 너무 귀찮은 거예요. CD 걸기도 귀찮고 그래서 사흘째 생각해낸 것이 '오프닝 멘트를 안 하면 되는 거잖아' 하는 거였어요. 바로 본방으로 들어가면 되잖아, 뭐 잡아가나? 그래서 〈고스트 스테이션〉의 사고방식은 그거야. '오프닝 멘트 안 하면 잡아가나?' '나 오늘 방송하기 싫다고 안 하고 집에 가면 잡아가나?' '노래만 1시간 동안 틀면 잡아가나?' 이런 식으로 하다 보니까 사람들이 너무 재밌어하는 거예요. 신선하다면서."(웃음)

신해철은 아이돌 시절부터 〈밤의 디스크쇼 신해철입니다〉 등을 진행했던 인기 디제이였다. 소설가 임수현은 "그 시절부터 그의 음악과 방송을 좋아했다"면서 "생각해보면 스무 살 이후로는 음악을 안 들었는데, 신해철의 〈밤의 디스크쇼〉를 들었고, 그때는 댄디한 이미지였죠. 신해철은 제게는 밤이었던 것 같아요"라고 말했다.

멋진 표현이다. "신해철은 내게 밤이었다." 그는 소설가 임수현 외에도 많은 사람에게 밤이 되어주었을 것이다.

언어의 마술사?
중요한 것은 듣기와 마음

20여 년 동안 인터뷰를 하다 보니 대한민국에서 '말 잘한다'는 사람들을 많이 만났다. 김어준, 진중권, 유시민, 한홍구, 노회찬, 봉준호, 손석희, 정봉주, 강신주, 표창원, 도올 김용옥, 이동형, 김의성, 노혜경, 공지영, 정유정 등등. 그러다 보니 가끔 "네가 만난 사람 중에서 누가 제일 말을 잘해?"라는 질문을 많이 받는다. 아무래도 내가 만나는 사람들의 경우 대체로 말을 잘하는 편이다. 이는 보통 사용하는 의미에서의 달변을 가리키는 것만은 아니다. 말하는 내용에 관한 깊은 성찰 없는 껍데기 같은 얘기는 자세히 곱씹어보면 공허하기 짝이 없기 때문이다. 신해철이 달변가라는 점은 신해철을 싫어하거나, 신해철의 공적인 활동을 싫어하는 사람들 사이에서도 공통으로 나오는 의견이다. 신해철은 말만 번지르르하게 한다거나, 정상적이지 않은 궤변을 늘어놓는다는 것이다. 그렇다면 신해철은 어떻게 그렇게 말을 잘할 수 있었을까?

"말하는 기술에 대해서는 끊임없이 질문을 많이 받아요. 심지어는 상담소에도 '어떻게 하면 말을 잘할 수 있어요?'라는 질문이 많이 들어오는데, 그것은 대화를 테크니컬한 차원으로 낮게 보는 수작이거든요. 대화는 그런 테크니컬한 차원에서는 이뤄지지 않아요. 웅변은 테크니컬한 차원에서 이뤄질 수 있죠. 그러나 대화는 테크닉으로 하는 게 아니라고 보거든요. 마음이 따라가지 않으면 대화가 진행되지 않아요. 그러니까 대화의 기술 중에서 제가 가장 중요시하는 게 듣는 겁니다. 다른 사람들 말을 차근차근 듣고, 말을 끊는 일이 여간해서는 없어야 하고, 참을성 있게 인내하면서 들어야 하고, 그다음에 그 말이 마음에 안 들더라도 기분 나쁘지 않게 유도하면서 발언을 끌고 가줘야 한다고 생각하거든요. 사람들 대부분이 제가 자기 말만 실컷하고 그다음에 '에브리바디 샷더마우스' 하면서, 내 말은 전부 맞고 네 말은 전부 틀리다고 할 거라고 생각하는데요.(웃음) 그런데 그것은 신해철을 얕잡아 봐서가 아니라, 이 사람들이 대화라는 걸 너무 얕잡아 보는 게 아닌가 하는 생각이 들어서 기분이 나빠요. 대화라는 건 그런 차원이 아니거든요.

두 번째 대화의 기술은 마음입니다. 그 마음에는 무엇이 포함되냐면 상대방하고 이야기를 해봐서 상대방이 이해하지 못하는 종류의 용어나 단어들을 피해간다든가 하는 거예요. 친구랑 대화하는데 유학 다녀온 애라면 영어 단어를 떠오르는 대로 섞어가면서 얘기해도 되지만, 상대방이 영어를 몰라요. 음악계 선뱀인데, 그분한테는 영어 단어를 안 써야죠. 이건 상대방에 대한 배려잖아요. 기왕이면 상대방이 좋아하는 소재, 상대방이 이미 알고 있는 소재, 내가 말하면 상대방이 맞받아칠 수 있는 소재, 이런 것들 위주로 대화를 해야겠죠."

사실 남의 말을 성심성의껏 듣는다는 것은 생각만큼 쉬운 일이 아니다. 마음이 따라가는 대화를 나눈다는 것 역시 쉽지 않다. 남의 말을 많이 들어야 하는 직업인 교사, 정신과 의사, 카운슬러 등이 받는 스트레스가 매우 크다고 한다. 그래서 그들은 식사도 혼자서 하려는 경향을 보이고, 되도록이면 혼자 있고 싶어 한다고 한다. 시쳇말로 인독人毒이 오른 것이다. 정신과 치료 영역에서도 가장 중요한 부분이 인내심 있게 들어주는 것이라고 하니 대화, 특히 그중에서도 듣기의 중요성은 길게 말할 필요가 없다. 오히려 지식인이라고 자처하는 사람들일수록 남의 말을 귀담아듣지 않는다. 의사 중에는 환자가 알아듣는 용어를 쓰면 권위가 손상된다고 생각하는 사람도 있다고 한다. 물론 그게 그들에게 더 편한 언어 사용법일 수 있지만, 환자에 대한 배려는 없는 것이다.

"용어나 이런 것들을 쉽게 풀어서 얘기하면 알아듣는 사람도 알아듣고 못 알아듣는 사람도 알아듣는데, 왜 구태여 어렵게 얘기하겠어요? 쉽게 풀어서 얘기한다는 건 어떻게 보면 테크니컬한 거지만, 거기에는 마음이 있어야 되거든요. 왜 쉽게 풀어서 얘기해야 하냐면, 대화의 목적이 상대방을 제압하고자 하는 게 아니고 상대방에게 잘난 척하고자 함이 아니니까요. 늘 명심하고 있는 문장이 '말하는 동안에는 결코 배우지 못한다'는 겁니다. 사실은 말하는 동안에도 배우죠. 배우는데, 내가 말하는 시간을 줄이고 남이 말하는 시간이 늘면, 내가 배우는 게 더 많겠죠. 저는 일상생활에서는 제가 떠드는 일이 별로 없어요. 친구들하고 모임을 하면 주로 구석에서 낄낄 웃으면서 듣고 있는 편이거든요. 그러니까 평상시 일상생활하는 장소에서 저를 만난 사람들이 당황하나 봐요. 막 오버하면서 떠들고 갈 줄 알았는데, 계속 실실 쪼개고 듣고 있으니까요."(웃음)

그의 이런 태도는 감옥 생활을 통해 더욱 심화된 측면이 있는 것으로 보인다.

"저는 다른 직업군에 있는 사람들과 어떤 경우에도 대화가 거의 다 통하는 편이에요. 그건 대화의 기술일뿐이라고 생각하는데, 어떤 사람하고도 나눌 얘기가 있거든요. 그 사람하고 나눌 만한 이야기가 아닌 것만 빼고, 그 사람하고 나눌 수 있을 만한 얘기 중에서 재밌는 얘기들을 해나가면 되거든요. 빨갱이로 붙잡혀 들어와 있는 형은 한동안 그만두고 있었던 사회과학 공부를 제게 시켜줬고요. 조폭들은 신체 단련과 싸우는 방법에서부터 시작해서 온갖 사회 밑바닥의 이런저런 거친 요령들에 대해서 알려줬어요. 소년수들은 꼬마 양아치들의 삶과 좌절, 그들에게도 있는 꿈이 무엇인지를 가르쳐줬고, 여호와의 증인들은 가차 없이 타협 없는 삶을 사는 무리의 태도를 제게 보여줬거든요. 저는 여호와의 증인들을 존중합니다. 뛰어난 사람들이에요. 교회를 믿으려면 그렇게 믿어야 한다고 생각합니다. 죄지을 거 다 짓고 일요일에 교회 가서 잘못했다고 하는 게 아니라, 여호와의 증인들은 회개할 짓을 아예 안 하는 사람들이잖아요."(웃음)

실제로 만나본 신해철은 자신에게 의견을 구하거나 자신이 발언해야 할 자리가 아니면 남의 얘기를 주로 듣는 편이었다. 그런 그가 입을 열 때면 뭔가를 보여주는 남자였다.

노무현 전 대통령 비서관을 지냈고, 전 국회의원이자 신한대학교 총장을 지낸 바 있는 서갑원은 2002년 유세를 추억하며 이렇게 말했다.

"2002년 노무현 후보 신촌 유세 연설을 봤는데, 정말 대단했어. 연설 잘한다고 소문이 난 문성근 씨보다 말을 더 잘하데."

확실히 신해철은 언어의 마술사다. 한참 이야기하다가 느닷없이 "아, 난 왜 이렇게 말을 잘 정리하는 거야"라고 스스로 탄복하기도 했다. 참으로 다양한 방면에 뚜렷한 입장을 가지고 조리 있게 말을 잘하는 사람이었다. 그런데 그만큼 말을 아끼기도 했다. 달변이란 말이 많은 게 아니라 입 밖으로 꺼내기 전에 생각과 정리를 잘하는 것이라는 의미를 새삼 일깨워주는 사람이었다.

두꺼운 외투를 입고 있으면
망치로 때려야 주먹으로 치는 효과를 본다

그는 연예인으로서 도움이 안 되는 정도가 아니라 어쩌면 치명적일 수도 있는 프로그램인 〈100분 토론〉에 다섯 차례나 나갔다. 그의 표현대로 그것은 도움이 안 되는 선에서 그치면 좋겠지만, 한국 사회에서 자칫 연예인으로서의 생명을 끊을 수도 있는 행위였다. 게다가 그는 2002년 대통령 선거에서 노무현 후보 지지 유세 및 방송을 하기도 했다. 그것도 노무현 후보가 유리했기 때문이 아니라 불안한 상황에서 그를 지지했다.

"그동안 정치와 거리를 두어왔지만 옳다고 생각하는 것을 위해 작은 고집을 버리기로 했다. 역사의 수레바퀴를 앞으로 돌리고 삶의 가치를 회복시켜줄 사람은 노 후보다"라는 연설을 통해, 역사를 거꾸로 돌리려는 세력들에 대해 우려를 나타내고 노무현 대통령 당선에 일정한 공헌을 했다. 그전까지 연예인의 정치 참여는 본인이 정치권에 진출할 생각이 있거나, 자신이 속한 회사나 기획사 대표가 정치권과 관련 있을 때 동원되는 형태였다. 그런데 2002년 대선에서는 여러 명의 연예인이 확신범으로서 특정 정치인에 대한 지지를 선언했고, 그들 중 대부분은 그 후 정치권과 거리를 둠으로써 자신의 순수성(?)을 입증했다. 연예인이 아니라 시민으로서 자신의 정치적 의견을 얘기하는 모범 사례를 만든 것이다.

심지어 노 대통령 당선 직후 "대통령에게 정책적으로 바라는 게 없느냐?"는 질문에, 그는 "대통령에게 제가 할 말이 뭐 있겠습니까? 알아서 하겠죠. 문화계의 바람이라든지 하는 것은 누가 정권을 잡아서 해결될 문제가 아니라 우리가 올바른 목소리를 내야 하고, 싸워서 얻어내야지 시혜물을 받아먹으려 해서는 안 된다고 생각해요"라고 대답했다. 그후 그는 이라크전쟁 파병 반대 1인 시위와 파병 반대 가수들의 집단 성명을 주도하는 등 당시 정부의 정책에 반하는 정치적 의사를 표시하는 데도 적극적이었다.

국가나 공권력이 개인의 자유에 얼마나 개입할 수 있는가 하는 문제와 관련해서 참여한 〈100분 토론〉의 주제들인 대마초 비범죄화, 간통죄 폐지, 체벌 반대 등의 주장은 신해철의 안티를 양산했고, 그 자신이 말하듯 여론에 맞서서 파탄이 날 수도 있는 행위를 반복하고도 결과적으로는 살아남았다. 그랬더니 이번에는 사람들이 〈100분 토론〉으로 새로운 포지셔닝이 됐다는 평가를 하기도 했다. 세상의 눈이라니.

어쩌면 대중의 사랑을 먹고살아야 하는 아티스트이자 연예인으로서, 그는 왜 그렇게 민감한 활동을 마다하지 않았을까? 〈100분 토론〉의 이영배 피디는 '신해철 씨는 논리가 정확하고, 이해관계가 얽혀 있는 경우 하기 힘든 얘기를 스스럼없이 하는 장점을 지닌 패널'이라고 칭찬했다. 그러나 신해철은 자신의 이해관계가 얽혀 있을 때조차 자신의 견해를 가지고 의견을 피력하는 지성인이기도 했다.

김규항은 자신의 블로그를 통해 이런 말을 한 적이 있다.

"어떤 사람들은 한없이 사나운 얼굴로 말한다. '세상이 바뀌려면 사회구조를 바꾸어야 한다.' 또 어떤 사람들은 한없이 온유한 얼굴로 말한다. '세상이 바뀌려면 내가 바뀌어야 한다.' 그리고 현명한 사람들은 조용히 말한다. '세상이 바뀌려면 사회구조도 바꾸고 나도 바뀌어야 한다. 둘은 본디 하나다.'"

신해철은 그런 식으로 "세상이 바뀌려면 사회구조도 바꾸어야 하고 나도 바뀌어야 한다. 같이 바꿔나가자"고 끊임없이 말했다. 한국의 교육 문제가 해결되지 않는 것은 제도와 함께 남들의 인식은 다 바뀌길 바라면서 자신을 바꿀 생각은 전혀 없기 때문이다.

이런 관점에서 볼 때 가장 위험한 것은 민중 결정론, 대중 무오류론일 수 있다. 그는 다른 문제를 제기하면서 한편으로 대중의 책임에 대해서 끊임없이 얘기했다. 대중은 최소한 연예인에게만큼은 강자로 군림하는 존재다. 그럼에도 그는 앨범 속지에 '이 앨범을 사지 않고 MP3 다운받는 씹새끼들'이라고 표현한다든지, 〈무릎팍도사〉 같은 프로그램에서 '공짜로 음악을 다운로드해서 듣는 사람들은 닥치라'는 표현을 쓰기도 했다. "내가 지적하는 문제는 대중의 정신적인 태도다. 그들은 이미 기득권 집단이다. 자기 주머니에서 돈이 나가는 게 싫어서 공짜로 다운받고자 하는 이익집단임에도 불구하고, 이를 문화 운동으로 호도하려고 한다"는 것이다.

그는 자신의 이런 표현에 대해 "내 논법 자체가 나의 이미지를 어떻게 하면 최상으로 올릴까를 목표로 두고 있지 않다. 내 논법은 흰색을 강조하기 위해서는 주위에 까만색을 칠하면 흰색이 더 부각될 수 있다는 것이다. 예의상으로는 주먹으로 한 대 쳐야 맞는데, 적이 너무 두꺼운 외투를 입고 있다면 망치로 때려버린다. 욕먹더라도 망치로 때려야 주먹으로 때리는 효과가 나타난다는 거고, 그래서 적들에게(?) 많은 빌미를 제공하는 것이다"라고 말했다. 자신이 원하는 세상을 위해 자신의 이미지 실추에 신경을 쓸 겨를 없이 발언을 해왔다는 것이다. 이런 그의 태도는 극단적인 지지자와 반대사를 만들어냈다.

물론 그는 대중에게 전적인 책임이 있다고 말하는 게 아니다. 한국 음악 시장에 대한 문제를 지적할 때 뮤지션의 문제, 환경의 문제, 정부의 책임 등등을 다 따져 물어야 한다는 것이다. 그럼에도 "대단히 중요하지만 우리나라에서 기이할 정도로 다뤄지지 않는 것이 대중의 책임에 대한 문제다. 대중은 전지전능자의 시점에서 좋네, 나쁘네를 얘기할 뿐이다. 자기들이 주도권을 쥐고 있고 최후의 결정권을 가진 사람들인데, 이러한 의식을 가지지 않는다"고 답답해했다. 그리고 매일 술을 마실 돈은 있어도 예술비나 문화비 지출은 자기 인생에서 맨 마지막에 놓아버린다고 개탄했다.

"대중이 거기에 쓰는 돈을 최대한으로 아껴버리면 뮤지션이 죽거든요. 우리나라에서 길거리 악사가 없는 이유를 저는 그렇게 얘기해요. 행정적인 이유로 길거리에서 연주를 못 하게 하는 게 아니라 길거리에서 연주를 해도 돈을 놓고 가는 사람이 없으니까. 외국 같은 경우 그 룰이 묵계적으로 형성되어 있는 게 반곡이거든요. 거리의 악사 앞에서 노래를 들을 때 노래의 반 정도를 들으면 한 곡을 다 들은 걸로 치고, 최소한 동전을 내놓고 가야 한다는 정도의 불문율이 대중에게 형성되어 있습니다. 그런데 우리는 열 곡, 스무 곡을 들어도 한 푼도 안 내놓으니까 당연히 거리의 악사라는 게 존재할 수가 없죠."

그는 왜 이렇게 어려운 싸움을 벌였을까? 분명히 자기 자신을 위해서만은 아닐 것이다. 그는 MP3와 관련해서 뮤지션이나 아티스트, 음악산업의 입장을 대변하는 것처럼 보임으로써 기득권을 수호하려고 한다는 오해를 받기도 했다. 총대를 메서 그가 무엇을 얻을 수 있었을까?

그는 "나는 이미 MP3 사태에서, 사실은 앨범이 팔리지 않게 되는 시기 그리고 대중음악가에게 앨범이 주 소득원에서 떨어져나가는 시기를 보고 있었다"고 말했다. "《THEATRE WITTGENSTEIN: Part 1-A MAN'S LIFE》앨범의 의미 중 하나가 300만 원 들여서 홈레코딩 장비를 사용해서 어느 정도 퀄리티를 올릴 수 있는지 실험한 것"이라고 했다. 그는 이미 자신은 앨범이 안 팔려도 그에 대비할 준비가 되어있다면서, 다른 뮤지션들에게도 대비하라고 말한 바 있다. 그리고 "난 다른 재주를 피워서 앨범을 내고 있다. 그렇다면 다른 재주가 없는 뮤지션들을 어떻게 할 거냐?"고 했다. 이런 식으로 아티스트의 작업과 그 아티스트를 존중하지 않고, 환갑잔치에 가수 불러서 '어이 노래 한번 해봐'라는 식의 대중의 태도는 궁극적으로 문화계 전반을 피폐하게 만들 것이라는 말이다.

그는 스스로를 개량된 경상도, 개량된 마초라고 말했다. 아픈 애인을 지켜주기 위해 결혼을 결심했다는 언론 기사와 토크쇼에 나와서 "마누라 손에 물을 안 묻히게 한다"고 한 말 등은, 카리스마를 가진 아티스트 신해철이 아니라 애처가 신해철의 새로운 모습을 보여주었다. 그는 이에 대해서도 "내 각오가 그렇다는 것일 뿐, 집사람이 전혀 집안일을 하지 않는 게 아니다"라고 전제하면서 이렇게 말했다.

"제가 그렇게 사는 이유는 우리 어머니나 내 누이나 내 딸이 그런 대우를 받고 살기를 원해서죠. 그러려면 내가 그렇게 해야 하는 거거든요. 내 딸, 내 와이프, 내 누나, 우리 엄마 이렇게 내 인생에 제일 중요한 네 명의 여자가 제가 생각할 때 정당한 대우라는 것을 받게 하기 위해서는 우리 엄마의 남편인 우리 아버지, 우리 누나의 남편인 매형, 딸의 남편인 사위, 우리 와이프의 남편인 나, 이렇게 네 명의 남자를 잘 고르는 방법이 있어요.(웃음) 사람들은 대체로 이 방법을 찾을 거예요. 그런데 그게 아니라 거국적으로 봐서 나부터 변하고, 다음에 온 세상이 변해야 편해지는 것 아니겠어요."

자신이 하는 사회적인 발언에 대해 이런저런 악플을 다는 사람들에게도 그는 이렇게 말했다.

"나 혼자 좋은 세상에서 잘 지내고 싶은 거였다면, 이런 멘트 안 하고, 대중의 비위에 맞는 멘트나 찍찍 날리고, 자기 평소 소신과는 달리 남이 원하는 대답이나 하고, 그러다가 이민 가면 되거든요. 내가 원하는 조건이 되어있는 나라로. 내숭 떨고 계속 돈 모은 다음에 이민 가면 되는 건데, 뭐하려고 남들한테 욕 먹어가면서 이건 이런 거고, 저건 저런 거라고 하겠어요? 다 같이 잘 살아보자는 거 아냐, 기왕이면 여럿이 잘 살아보자는데."

천생 록밴드의 리더, 신해철

신해철은 한국 사회에서 굉장히 독특한 지점을 차지하고 있는 아이콘이다. 사랑 같이 개인적인 수준에 머물러 있던 가요의 가사를 삶의 문제, 정치의 문제, 인간 내면의 문제로 승화시켰을 뿐만 아니라, 음악적으로도 다양한 실험을 통해 서태지와 함께 1990년대를 대표하는 뮤지션으로 자리매김했다.

이혜숙이 쓴 《한국 대중음악사》(2003)를 보면 "대학생 그룹의 현실은 높은 이상에 반해 매우 척박했다. 상업성이 없는 대학생 록밴드에게 1980년대식 발라드와 트로트를 중심으로 구축되어있는 가요 시장에 발 디딜 틈이 없는 것은 당연했다"는 표현이 나온다. 1977년 대학가요제에서 샌드 페블즈가 〈나 어떡해〉로 대상을 받은 이후 대학가요제에서 록밴드는 구색으로 전락해갔다. 히트곡을 내기 위해서는 발라드와 트로트를 불러야 했다. 신해철은 1988년 대학가요제에서 그룹 무한궤도가 대상을 받으면서 혜성같이 등장했다. 그후 솔로 1, 2집의 히트로 아이돌 스타로 자리 잡은 그는 사람들의 기대(?)를 저버리고 넥스트N.EX.T를 결성해 자신이 정말 하고 싶던 록밴드를 하게 된다.

대학가요제 직후 "솔로로 데뷔하면 앨범을 내주겠다"고 하던 기획사 사람들에게 아예 "밴드가 아니면 말도 꺼내지 말라"는 말로 차단했는데, 선견지명이 있던 기획사 대표가 "네가 알아서 해라. 다만 밴드가 해산하면 솔로 앨범으로 나머지 계약을 채워라"라고 했고, 신해철은 밴드에서 솔로를 거쳐 다시 밴드로 돌아왔다.

그는 "신해철이란 이름으로 앨범을 내게 되면 굉장히 늘어져요. 근데 넥스트라는 이름으로 내게 되면 졸라 긴장해요. 이거는 내 명예하고 직결되는 거니까"라고 말할 정도로 자신의 이름을 내세우기보다 밴드의 일원으로서 음악을 하고 싶어 했다. 살아생전 마지막 행보도 넥스트의 재건이었다.

신해철처럼 음악적으로 과소평가된 사람도 드물 것이다. 그가 실험한 장르들을 보면 이렇게 다양한 장르의 음악을 어떻게 다 소화해냈는지 혀를 내두르게 된다. 2007년 모 커뮤니티에서 '음악으로만 음반을 평가해야 한다'는 취지로 100장을 발표한 적이 있는데, 그곳의 운영자는 "신해철이 과대평가되었다"고 말했다.

그렇지만 그 100장에 신해철의 앨범이 두 장이나 들어있다. 순위가 낮다고 할지는 몰라도, 한국 음악 역사상 100장에 들어간 음반 정도면 순위는 큰 의미가 없다. 누가 선정하더라도 들어갈 넥스트의 두 번째 앨범《The Return of N.EX.T Part 1-The Being》은 물론이고, 그 앨범에 절대 뒤지지 않는 세 번째 앨범《The Return of N.EX.T Part 2-World》, 네 번째 앨범《Lazenca-A Space Rock Opera》, 솔로 2집《Myself》,《정글 스토리》OST,《Monocrom》같은 주옥같은 솔로 앨범을 내놓은 그를 어떻게 과대평가되었다고 할 수 있을까?

또 그에 대한 가장 큰 오해는 멤버 교체 때마다 나오는 '신해철의 독선 때문일 것이다' '신해철의 잘못일 것이다'라는 말들이다. 그는 그런 오해를 받으면서도 한 번도 변명하지 않았고, 멤버들을 비난하지 않았다. 2007년에 방송된〈이경규의 돌아온 몰래카메라〉덕분에 역설적으로 그에 대한 오해가 틀렸음이 밝혀졌는데, 소속사 가수들이 그에게 대들면서(?) 소속사를 나가겠다고 말하는 설정이었다.

계약한 지 두 달밖에 되지 않은 가수가 나가겠다고 하는데도, 넥스트의 키보디스트가 나가겠다고 하는데도 그는 "니들이 더 좋은 기회가 생겨서 나간다는데 내가 어떻게 말릴 수 있겠냐? 나가서 잘돼야지, 나가서 여기 있을 때보다 안되는 게 나로서는 더 안 좋은 일이다. 하지만 마지막 인간적인 예의를 갖춰라. 너희들 좋은 방향으로 해줄 테니까. 한 명씩 회사로 들어와서 얘기해라"라면서 분노를 삭였다.

그에게 음악이 어떤 의미인지, 밴드가 어떤 의미인지 아는 나로서는 그 장면을 보면서 감동받았다. 그게 절대 가식이 아님을 그동안의 만남을 통해서, 그를 멀리서 지켜보면서 그게 그의 본모습임을 알고 있었지만 말이다.

대중음악평론가 강헌은 신해철에 대해 이렇게 말한 바 있다.
"서태지의 화두와는 다른 것이 신해철입니다. 제가 좀 안타깝게 생각하는 것이 서태지라는 너무 거대한 90년대 아이콘에 가려서 신해철이라는 아젠다가 쉽게 가려진 점이 있습니다. 이 인자의 어쩔 수 없는 아픔이죠. 신해철을 둘러싼 수많은 이견과 입장이 있습니다. 그런데 신해철에 대해 비판적인 의견을 가진 사람들을 볼 때 극소수의 존중받을 만한 의견을 제외하면 대단히 몰염치한 입장들이 많아요. 물론 신해철을 지지하는 입장에서도 오빠 부대의 열광도 있지만, 록 마니아 중에서 신해철에 대한 비판자가 많은데, 록 자체를 너무나 신성시해서 적용하면 대한민국에서 살아남을 사람 하나도 없습니다. 록의 신성화는 서구자본주의의 발전과정에서 전제되는 것이거든요. 그런 진화과정을 무시하고, 그것을 그냥 한국 사회에 적용을 하면 제가 볼 때 그것은 논리적 모순입니다. 저는 신해철의 가장 큰 의미는 이것이라고 봅니다. 물론 신해철이 창조적인 장르의 생산자는 아니었습니다. 그럼에도 불구하고 저는 서태지보다는 창조적이라고 생각해요. 그것 말고 신해철의 가장 큰 의미는 신해철이 갖고 있는 한국 대중음악사에서, 사실은 신해철이 이것 때문에 욕을 먹는 것인데, 저는 욕을 먹는 그 지점이 바로 신해철의 성과라고 봅니다"라고 말하면서, 철학적 수사학을 한국 대중음악사에 처음으로 실현하는 데 성공했다고 말한다.

그러면서 강헌은 "60년대 미국의 밥 딜런이 오로지 'baby, I love you' 수준의 팝송 가사를 삶의 문제, 정치의 문제, 인간 내면의 문제로 승화시켰지 않습니까? 한국의 식자층에서 입을 모아 밥 딜런의 성과를 칭찬하면서 신해철의 업적에 대해서는 그렇게 대단히 가혹하게 비아냥거리는 것은 잘못이라고 봅니다. 신해철이 비아냥거림을 받는 이유는 영어가 아니라 한국말로 가사를 썼다는 것 때문일지도 모릅니다. 어쩌면 그런 적대적 비아냥거림에는 제가 볼 때 사대주의적인, 특히 지식인 그룹이 가지고 있는 본능적 사대주의 같은 것이 있다고 생각합니다. 서구의 이런 기준이 있는데, '30년이 지나서 이 정도 한 것 가지고, 이제 와서 호들갑이야, 뭘 그 정도를 가지고 그래'라고 하는 이런 것 있잖아요? 어이가 없는 얘기죠. 그런 사람들이 빨리 사라져줘야 합니다"라고 덧붙인다.

신승렬 등이 쓴 《90년대를 빛낸 명반 50》(2006)에서는 〈The Ocean: 불멸에 관하여〉에 대해 "마치 내 자신이 바로 바다 앞에 있는 것처럼 완벽하게 바다를 형상화해낸 음악과 철학적인 가사는 한국의 대중음악이 도달할 수 있는 가장 높은 경지에 올랐다고 해도 과언이 아니다"라고 표현한다. 한국 가요의 황금기를 1980년대로 꼽는 사람들도 있지만, 신승렬 등이 쓴 이 책에서는 1990년대를 진정한 황금기로 꼽는다. 이 책에서는 1990년대의 50대 명반으로 신해철의 솔로 2집 《Myself》와 넥스트의 《The Return of N.EX.T Part 1-The Being》을 꼽았다.

강헌은 1980년대 조용필로 대표되는 주류의 질서에서 아쉬웠던 점에 대해 '대중음악에 있어서 정치의식의 결여'를 꼽았다. 사실 제5, 6공화국 시절에 그런 것을 할 수 없었음에도 불구하고, 예술이라는 것은 교묘한 것이어서 어떻게든 피해가면서 할 수 있었다는 말이다. 반면 서태지, 신해철 등의 가치에 대해서는 다음과 같이 평가했다.

"서태지라는 포스트 88세대는 그런 것으로부터 자유로울 수 있었습니다. 80년대 대중음악의 마지막 결절점이었던 사회정치적 금기를 주류의 한복판에서 성공시켰다는 것이죠. 그런 정치의식과 결합하는 데 성공했다는 점인데, 저는 그런 점만으로도 서태지, 신해철, 강산에의 가치는 앞으로도 영원히 평가받아야 할 것이라고 생각합니다. 이것은 우리의 정태춘 형이 일관되게 자신의 신념을 음악으로 표출한 것과 또 다른 겁니다. 저는 정태춘의 예술 정신이 훨씬 숭고한 것이라고 생각해요. 하지만 한편으로 이러한 숭고한 정신이 고립되지 않으려면 범대중적 지평에서 그 정도까지는 아니더라도 끊임없이 사회적이고 정치적인 냉소주의와 무의식으로부터 탈출시켜줄 수 있는 의제를 설정해줄 의무가 대중음악가 특히 스타들에게 있는 겁니다."

그런데 역으로 그의 그런 활동들은 그의 음악 자체를 오히려 과소평가하게 만들기도 했다. 《90년대를 빛낸 명반 50》에 보면

"개인의 정체성에 대한 고민이 담긴 철학적이고 사색적인 가사는 이후 그의 작업들에서 가사를 제외하고는 이야기할 수 없을 정도로 그의 트레이드마크가 된다"고 하면서 "때로 이러한 그의 지적인 가사들은 상대적으로 그의 음악적 성취를 가리게 만드는 원인이 되기도 한다. 그의 진보성은 가사의 매력에 뒤지지 않는 그의 사운드적 실험에서 드러난다"고 덧붙였다.

신해철을 상대적으로 과대평가된 아티스트라고 꼬집는 시각은 생각보다 많이 존재한다. 다음의 '음악취향Y'라는 곳의 운영자는 어느 매체와의 인터뷰를 통해 "신해철은 시대를 읽는 논객, 청년문화의 상징으로서 의미가 충분하지만, 흔히 말하듯 서태지와 함께 90년대를 대표하는 음악인으로 보기는 힘들다"는 말을 했다. "우리가 이번에 100장의 음반을 뽑은 것은 음악의 역사는 사건의 역사가 아니라 음반의 역사다. 음악을 사회적 영향력, 의미가 아니라 음악성 자체로만 판단한 사실상 첫 시도"라는 자평도 덧붙였다.

그런데 재미있었던 점은 거기서도 《정글 스토리》 OST와 넥스트 2집 《The Return of N.EX.T Part 1-The Being》을 100장 안에 꼽았다는 것이다. 그 밖에 넥스트 3집, 4집 등과 솔로 2집, 《Monocrom》 등이 걸작으로 거명되는 것을 생각하면 그가 결코 과대평가된 것은 아니라는 얘기다.

물론 신해철의 말대로 그 자신이 음악 인생을 거시적으로 보기 때문에 하나하나의 작업에 집중하지 못하는 면이 있어서 그럴지도 모르겠지만, 그만하면 충분한 성과를 내왔다. 그는 더 나은 음악을 실험하기 위해 음반을 만드는 데 드는 비용을 아끼지 않았고, 더 나은 음악을 하기 위해 영국과 미국을 다녀오기도 했다.

"10년 동안 음악 하면서 돈은 모으지 못했습니다. 팬들이 주는 장학금으로 10년간 공부한 것으로 족한데요. 돈에 별로 구애받지 않고, 욕심도 없어요. 단지 음악 행위를 해나갈 수 있을 정도의 돈이 있으면 좋겠는데, 그런 면에서 나만큼 행복한 입장을 가진 뮤지션은 드문 것 같습니다. 97년에 떠날 때도 그 공부가 가장 큰 목표가 되었던 거고요. 외국을 떠돌이로 돌아다니면서 생각이 여러 군데가 바뀌었어요. 글쎄 초심으로 돌아갔다고 해야 하나? 제가 제일 행복했을 때가 고등학교 때 애들하고 500원, 1000원씩 모아서 합주실 가서 1시간씩 연주했던 때거든요. 하지만 지금은 더 행복할 수 있는 게 나는 지금 내 걸 만들고 있으니까요."

그는 어릴 적에 했던 '평생 음악을 하면서 살 수 있도록 해주신다면 평생 내 명의로 된 집이나 개인 재산은 갖지 않겠다'는 결심을 실천했다. 집을 가지느냐, 가지지 않느냐가 크게 중요한 것은 아닐지라도 그는 그의 생각을 삶과 음악을 통해 실천한 진정한 아티스트였다.

"행복한 마음으로 기타를 손에 잡을 수 있다면 나는 행복해질 수 있다는 거죠. 그러기 위해서 몇 가지 요소들을 구성해봤어요. 제가 행복하게 음악을 하는 것 역시 중요한데, 첫째는 밴드폼이어야 해요. 저는 '솔로 가수로서 트로피를 타거나 사람들이 많이 알아보는 것만으로는 만족하지 못한다'는 거고요. 둘째는 그 밴드가 진짜 밴드로서 음악적인 아이디어가 교감되면서 제2의 가정으로 인간적인 교감을 느낄 수 있는 그런 밴드여야 하고, 셋째는 음악을 만드는 과정에서부터 행복해야지 결과물의 성과라든가, 남들의 칭찬에 연연해서는 안 된다고 생각합니다. 과정에서부터 즐거운 음악을 할 수 있어야 하고, 나 자신이 즐겁지 않은 과정에서 지나치게 스트레스를 받는 음악은 공부할 때나 하는 거지, 그것 가지고 음악 발전이 안 된다는 거거든요."

흔히 많은 사람이 연극이나 공연이 끝나고 난 후의 공허함을 호소하곤 한다. 하지만 밴드 리더인 그는 그럴 겨를이 없다면서 다음과 같이 말했다.

"콘서트가 끝나고 난 다음에 허무나 고독을 많이 느낀다고 하던데요. 저는 콘서트 끝나고는 그런 감정을 전혀 느끼지 않아요. 제게 콘서트는 콘서트가 끝나고 나서 무대를 철수시키고, 밴드를 쉬게 하고, 그날 어떤 식으로 놀게 해주고, 스탭들에게 감사를 표시하고, 스탭들의 뒷자리를 어떻게 마련해주고, 그런 행정적인 처리까지 다 포함이 되는 것이기 때문에 그런 생각을 할 시간도 없습니다. 그리고 그 콘서트가 마지막이라고 생각해본 적도 없기 때문에 또 다음 싸움을 준비해야 하는 거죠. 그날의 분석을 그날 멤버들한테 하거나 그러지는 않아요. 실수한 건 전부 면책이고, 그날의 실수나 이런 것들은 절대 지적하지 않고 그냥 넘어가는데요. 그다음 준비를 해야 하고, 더 진화할 준비를 해야 하니까 의지를 활활 불태우지, '아, 허무해' 이러고 앉아 있지는 않습니다."

외로운 사람, 신해철

"어릴 때부터 외로움을 느낀 적이 많았지만, 군중 속의 고독을 느끼고부터는 더 심해졌죠." 그는 자신을 드러내는 것을 극도로 꺼리는 사람이었다. 거침없는 그의 발언이나 독설 같은 이미지로 볼 때 그건 틀린 얘기 같지만, 그는 필요할 때 필요한 수위의 발언을 하는 사람이었다. 그래서 그는 다 드러내놓고 얘기하는 것 같지만, 때로는 전혀 속을 알 수 없는 사람 같다는 생각이 들 때도 있었다. 그는 하고 싶은 말을, 하고 싶은 일을 거침없이 다 하는 세상에서 제일 행복한 사람이라는 느낌이 들 때도 있는 반면, 세상에서 제일 외로운 사람이라는 느낌이 들 때도 있었다. 그는 자기 얘기를 극도로 꺼리면서도 자신이 진행하는 라디오 〈고스트 스테이션〉의 상담실에서는 자신의 팬을 위로(?)하기 위해 자신의 모든 치부를 드러내는 사람이었다.

'어린 시절 공손하고 예의가 바르며 느릿느릿 만사태평이고 특별히 손이 갈 필요가 없는 수줍고 조용조용한 아이'였던 신해철은 음악계라는 살벌한 전쟁터에 들어와서 '아티스트 알기를 머슴보다 못하게 여기는 피디, 아무 데서나 쌍욕을 찍찍 갈겨대는 매니저들, 가수들은 대중 앞에서 끝 간 데 없이 공손하고 굽신거려야 한다고 믿는 대중' 사이에서 자신의 음악과 밴드를 보호하기 위해 끊임없이 싸워야 했다. 그는 〈무릎팍도사〉에 나와서 "한국에서 연예인을 하려면 굽신거리거나, 거만하거나 둘 중 하나밖에 할 수 없는데, 그 중간이 없어서 난 거만한 길을 택했다"고 말했는데, 그렇게 해서 살아남은 그에게 〈안녕, 프란체스카〉의 안드레 대교주 역, 〈개그야〉 코너 사모님 마지막 회에서의 회장님 역, 애니메이션 〈아치와 씨팍〉의 보자기 킹 등과 같은 개성 넘치고 독특한 역할이 맡겨졌다.

어쩌면 마왕, 대교주 등의 별명은 그에게 어울리면서도 어울리지 않는 별명이다. 그는 사실상 힘든 사람이 부탁하는 것을 거절하지 못하며, 어떤 선배의 부탁을 외면하지 못해 돈이 되지 않는 음반의 프로듀싱을 6개월간 맡아 한 결과 자신의 회사 경영이 어려워져 문을 닫는 일을 겪기도 했다. 그는 미디어다음과의 인터뷰에서 "권위를 싫어한다고 했는데, 실제로 팬들에게는 신해철이라는 이름 자체가 절대적인 권위를 갖고 있지 않은가?"라는 질문에 다음과 같이 대답했다.

"나는 권위를 싫어하지만 그렇다고 권위를 파괴해서 없애야 할 것으로 보지는 않는다. 오히려 존경받는 권위, 자연스러운 권위는 긍정적인 것이고 바람직한 것이다. 내 캐릭터가 누리는 권력은 오락반장의 권력이다. 수업 중 오락 시간에 오락반장이 '너 나와서 노래해' 그러면 그러려니 하지 '저 새끼가 왜 저래' 하면서 길길이 날뛰는 사람은 없지 않나. 권위를 좇는 것 자체가 문제지 사실 정당한 권위는 좋은 것이다."

요즘 세상에 필요한 권위에 대한 명쾌한 정의가 아닐 수 없다.

문화기획자 하헌기는 신해철에 대해 이렇게 추억했다.

"사회적 영역에서만 그럴지도 모르겠지만, 조금 외로운(외로울지도 모르는) 사람, 그 기억이 있습니다. 무슨 파티에 신해철 선배가 참석했는데, 잘 놀다가 사라져서 보니 혼자 구석 안 보이는 데서 계속 앉아 있더라고요. 와이프 올 때까지. 신해철을 둘러싼 이러저러한 사회적 맥락들과 미디어를 통해 오래 봐온 느낌 때문에, 그때 이 사람 많이 외로운 사람일지 모르겠다는 생각이 들었습니다."

누구나 그런 면이 있겠지만, 나도 그의 외로운 모습을 자주 접했다. 흔히 대중에게 알려지지 않은 그런 모습. 내가 소개해준 후배의 결혼식 축가를 신해철이 부르기로 했었다. 다소 의외였다. 이렇게 흔쾌히. 그 후배는 결혼식 때문에 정신이 없어 대기실 같은 장소를 챙기지 못했는데, 어찌 보면 '이런 배려도 안 하나?'고 화를 낼 수도 있는 상황이었다. 결혼식장으로 가는 동안 전화기를 꺼놓았다가 켰을 때, 그로부터 여러 통의 부재중 전화가 와 있었다. 부랴부랴 달려갔을 때 그는 하객들 틈에서 어쩔 줄 몰라 하고 있었다. 그래서인지 그날 그는 다소 불안정하게 노래를 불렀으나, 후배는 "세상에서 들은 가장 아름다운 노래였다"고 말했다.

연대하고, 배려하고, 칭찬할 줄 아는 사람

만화가 원수연은 신해철에 대한 기억을 묻자 이렇게 답했다.

"그 당시 〈FM 음악도시〉인가 … ? 만화가들이 무척 많이 들었던 프로였어요. 어시들이 좋아하고 저도 재미있어서 매일 듣는 방송이었고요. 신해철 씨가 워낙 만화를 좋아해서 모르는 작품이 없을 정도였다는 건 프로를 듣다 보면 알게 돼요. 당시가 90년대였으니까 저와 제 작품도 알고 있다고 느꼈어요. 누님도 만화를 좋아했던 걸로 기억해요. 저희 화실에서는 구정 같은 명절에도 일한 기억이 많아서 신해철 씨가 명절 낮일에 일하는 사람들에게 전화해달라 하고, 어시가 제 허락 없이 전화해서 통화 중에 빨리 끊었던 에피소드도 있었죠.
그런데 제가 정말 고마웠던 건 … 97년 청소년보호법 계도기간이 선포되기 전에, 이 청소년보호법이 만화 말살 정책이라는 것을 후배들에게 어떻게 알려야 하나 고민을 하고 있었어요. 청소년보호법이 개정되면서 만화 말살 정책이 되어버렸거든요. 협회 중심으로 샘들은 알고 계셨지만, 문제는 후배들이 전혀 모르고 있었다는 거예요.
그때 떠오른 게 신해철 씨 프로그램이었어요. 만화가들이 정말 많이 듣고 있었기 때문에 여기에서 알려주면 좋겠다고 생각해서 글을 급하게 막 써내려갔어요. 기억은 잘 안나지만 … 꽤 긴 글이었어요. 그걸 어시스트한테 다시 대필시켜서 방송 5분 전에 팩스로 넣었어요.
그런데 신해철 씨가 시작 멘트도 없이 그 긴 글을 거의 다 읽어내려갔어요. 나중에는 글씨가 잘 안 보여서(제 어시 필체가 좀 작고 흐려서 …) 못 읽겠다고 했는데, 제 기억으로는 거의 다 읽어줬던 것 같아요. 그렇게 후배들에게 알리고 그후에 본격적으로 청소년보호법 반대 운동을 만화계가 똘똘 뭉쳐서 시작했습니다. 그 역할이 어디까지였는지 모르겠지만, 기억하는 후배들이 있는 걸 보면 엄청 큰 도움을 받았다고 생각합니다.
그후 신해철 씨가 대놓고 나서서 청소년보호법 반대 발언을 이어갔고, 이현세 샘《천국의 신화》를 옹호하며 잘못된 정책에 대해서 맹공을 퍼부었던 걸로 기억해요. 나중에는 이현세 샘이 책을 보내주고 싶다고 해서 보내줬고요. 여러 곳에서 만화인들의 편이 되어서 발언을 해줬습니다. 너무나 안타까운 죽음이에요. 신해철 씨를 생각하면 지금도 마음 한켠이 아파옵니다. 당시 만화인들의 사랑도 많이 받았어요. 제 후배는 넥스트 앨범을 제게 선물하곤 했고요."

가수 전인권의 조카이자 〈무현, 두 도시 이야기〉의 감독인 전인환은 이런 일화를 들려준다.

"신해철님께서 인권 삼촌 딸인, 제 사촌 동생 결혼식에 와주셨어요. 그때가 인권 삼촌께서 치료를 받고 다시 재기 중이던 때였습니다. 한동안 활동이 없어 힘든 시간을 보내던 때였어요. 다른 후배 가수분들은 많이 못 뵌 것 같은데, 신해철님이 와주셨습니다. 그리고 선뜻 축가를 불러주셨어요. 축가를 부탁한 건 아닌 것 같았는데 자발적으로 불러주신 듯했습니다. 그리고 축가가 끝나고 인권 삼촌께 예를 표하시더라고요. 따님의 결혼을 축하드린다고. 록의 황제시라고. 당시 자신감 없고 의기소침해 있던 인권 삼촌에게는 그보다 더한 위로와 찬사는 없었을 거라 생각합니다. 제가 기억하는 신해철은 이 강렬한 기억 하나입니다."

그는 그렇게 필요한 자리에는 조용히 나서서 자신의 역할을 했으며, 생색을 내지도 않았다. 자신이 절정의 자리에 있을 때도 선배들에게 예를 갖췄고 존경심을 표시했다. 그의 찬사를 듣던 선배들의 쑥스러워하면서도 흐뭇해하던 그런 표정들이 인상에 많이 남아 있다. 방송에서 산울림에게 리스펙트를 표시하는 신해철을 김창완이 쑥스럽지만 흐뭇한 표정으로 쳐다보던 모습 같은 것.

《박노해 노동의 새벽-A Tribute to the 20th Anniversary》작업을 준비하던 강헌이 어느 날 쓰러졌다. 그는 어쩔 수 없이 신해철에게 SOS를 쳤다. 진작 참여 요청이 왔었는데, 이미 거절한 사안이었다.

"왜냐하면 그때 너무 바빠서 신경을 쓸 겨를이 없었어요. 그런데 이 인간이 쓰러졌잖아요. 몸이 마비돼서 안 움직이면서도 이메일을 한 통 보냈다고 하는데, 이메일 보니까 딱 두 줄이더라고요. 손가락이 두 개밖에 안 움직여서 그 두 개로 쳐서 보낸 메일인데, 나중에 형수한테 들어보니까 몸을 완전히 못 움직이는데 어떻게든 컴퓨터로 기어가서 손가락 두 개를 움직여서 제게 헬프 메일을 친 거예요. 저 그런 거에 엮이잖아요. 대타로 투입이 돼서 한 곡에만 참여한 게 아니고, 앨범 전체 프로듀서가 됐죠. 대타로. 아, 씨바.(웃음)

다른 한편으로는 음악적인 욕심이 있었는데요. 제가 학교 다닐 때 공부는 NL(민족해방계)에서 하고, 시위는 CA(NL보다 급진적이었던 제헌의회)에서 했거든요. 근데 CA가 어떻게 보면 훨씬 교조적인 앞뒤 꽉 막힌 답답한 분위기였잖아요. 통기타 들고서 운동가요 부르는 건 되지만, 전기기타는 안 된다는 그런 교조적인 사고방식. 대학교 2학년 될 때까지는 기타 그만두고 음악도 때려치우고 거의 운동하는 것에만 신경 쓰고 있을 때예요. 옛날에는 사실 나도 운동권이었다고 하지 않았습니다. 괜히 나대는 거 같아서요. 87년도에 운동권 아니었던 사람이 누가 있어요? 그런데 요즘은 조금씩 편하게 얘기하거든요. 세월도 많이 흘렀고. 하여간 그때 운동가요 들을 때 너무 짜증이 나는 거예요. 노래들은 너무 좋은데, 예를 들어 〈꽃상여 타고〉를 들으면 '야, 이건 장중하게 오케스트라를 넣어서 윗도리를 화려하게 움직이지 말고 아랫도리를 밑으로 깔아서 라흐마니노프풍으로 만들면 되게 멋있을 텐데' 이런 생각이 드는 겁니다.

노동현장에서 쓰이는 선전선동가요들이 너무 후졌다는 생각이 드는 거예요. 나치의 이념에는 물론 당연히 동조할 수 없지만, 나치의 선전선동예술의 퀄리티는 꼭대기까지 올라가 있었잖아요. 정치 선전선동 장르는 제가 못 해봤잖아요. 그래서 너무 해보고 싶은 거예요. 그래서 노동의 새벽 앨범에 뛰어들었죠. 그 앨범은 사람들에게 많이 알려지지 않았지만, 저는 자부심을 굉장히 많이 가지고 있어요. 완성도 면에서.

저는 학교 다닐 때 노학연대에 관심이 있는 쪽은 아니었어요. 정서적으로도 거리가 있었고요. 어쨌거나 선전선동예술이라는 그 점이 매력 있었을 뿐이었으니까요. 물론 〈시다의 꿈〉의 경우 '전태일 열사의 여동생인 전순옥 박사의 목소리를 쓰게 하겠다' 하는 아이디어 같은 것은 제가 볼 때는 재치였는데요. 진짜로 시다를 했던 분 아닙니까? 처음에는 되게 사양을 하시다가 제가 직접 만나서 설득을 해서 하게 됐는데, 목소리가 죽이게 나왔어요. 정말 애잔한 떨림과 그 아마추어적인 목소리, 그 뒤에다가 살벌한 인더스트리얼 테크노사운드를 깔았는데, 공장에 기계 돌아가는 소리의 비트들 그 위에 불안 불안하게 떠돌아다니는 전순옥 씨의 목소리. 예산도 없고 시간도 없고 그래서 힘들게 작업을 했고요."

그 작업이 끝나고 신해철은 병원에 실려 갔다. 결국 돈을 벌어야 할 시점에 돈이 되지 않는 앨범 작업에 6개월을 매달린 결과, 회사가 망해버렸다. 그럼에도 불구하고 신해철은 죽기 전까지 강헌과 좋은 관계를 유지했다.

〈안녕, 프란체스카〉의 대교주

신해철에 대해서 사람들에게 물어봤을 때 의외로 〈안녕, 프란체스카〉를 이야기하는 사람들이 많았다.

'나의 이미지를 철저하게 해체할 수 있으면 출연하겠다'는 의도였다는데, 그렇다면 그 의도는 적중했던 것 같다. 그것 자체가 마니아적인 시트콤이었고, '안드레 대교주를 누가 할 거냐?'고 했을 때 1순위 없는 0순위로 거론되는 상황이었다. 그후 개그프로그램 '〈개그야〉의 회장님도 신해철일 것'이라는 예상이 있었는데, 결국 마지막 회에 출연했다.

이에 대해 신해철은 "제 인생도 재미있지 않아요? 그 얘기 제가 했던가요? 누가 착한 신해철을 원하겠냐고. 그러니까 제 본래 모습이 어떻든지 간에, 사람들이 그걸 원하고 있잖아요. 저 보고 그 역을 하라잖아요. 욕하면서 자기들은 즐기잖아요. 어떻게 해요?"(웃음)라고 했다.

소설가이자 당대의 에세이스트 고종석은 "신해철을 만난 적도 없고, 노래를 들어본 적도 없어. 가수로 기억하는 것이 아니라 〈안녕, 프란체스카〉에서의 안드레 대교주 연기가 인상적이었지. 그리고 〈100분 토론〉을 손석희 씨가 할 때였는데 음악저작권 문제인가로 나와서 토론할 때 인상적이었고. 그 사람의 연기가 아니라 맡았던 역할이 컸었어"라고 말한다.

애니메이션 시나리오 작가 박지연은 "아 … 프란체스카에서 엄청 높은 굽 부츠 신고 대마왕으로 나와서 하하하 웃던 게 제일 기억나고요. 별명이 마왕인데 마왕역으로 나와서 캐스팅 자체만으로도 재미있었던 기억이 나네요"라고 했다.

영화평론가 조재휘는 〈안녕, 프란체스카〉에서의 신해철에 대해 이렇게 기억하고 있다.

"제겐 〈안녕, 프란체스카〉의 안드레 대주교이자 SF 장르 마니아로 각인된 면이 큽니다. 시트콤 〈안녕, 프란체스카〉의 팬(시즌3 제외)으로 한 시절을 보낸 사람으로서 신해철 하면 떠오르는 이미지는 N.EX.T의 리드보컬도, 종종 〈100분 토론〉에 호출되던 논객도 아닌 '안드레 대교주'로 남아 있어요. 남산 위의 저 소나무마냥 온몸에 카리스마의 갑옷을 두른, 바늘로 찔러도 피 한 방울 안 나올 것 같던 가수 신해철에게 '저런 면이 있었구나' 하고 감탄했달까? 시즌 1의 마지막부터 출연해 시즌 2의 빠질 수 없는 신스틸러로 등극한 안드레 대교주는 있는 대로 폼은 잡지만 정작 실속은 하나 없는 허당 캐릭터잖아요. 미래를 예지한다더니 본다는 게 고작 2-3초 앞의 미래고, 걸핏하면 돈을 들고 튀기 일쑤인데 남긴 쪽지에는 기초적인 맞춤법도 몰라 '미안헤'라고 써놨고, 걸핏하면 평범한 인간 두일에게도 타박받는, 이런 뱀파이어를 두고 폭소하지 않을 도리가 없었죠.

이 캐릭터 연기는 신해철 본인의 이미지에 대한 자조적 패러디이자 일종의 해방구 같은 것이었을 것 같아요. 홍상수의 〈북촌방향〉(2011)에서 영화감독이 자신을 졸졸 따라다니는 영화광 팬들을 쫓아내려 하듯, 마왕 또는 독설가로 굳어져가는 인상을 떨쳐내고자 하는 몸부림, 그리고 어쩌면 자기 파괴에서 나오는 마조히즘적 쾌감 같은 것이 아니었을까요?

배우 신해철을 보면서 '어쩌면 굉장히 좋은 사람일지도 몰라' 하고 생각했습니다. 자신을 안방극장 코미디의 소재로 서슴없이 내던지며 망가지는 자기 파괴 내지 방기는 어처구니없을 정도의 자기 긍정과 자신감, 열린 마음이 아니고서는 불가능한 게 아닐까? 무대를 장악하는 카리스마도, 시트콤에서의 자기 패러디도 둘 다 그 연원은 같은 거죠. 안드레 대교주를 보고 나서야 '마왕' 신해철이 아닌 '인간' 신해철의 한 조각을 본 건지도 모른다는 느낌을 받았어요. 얼마 전 신해철에 관한 짧은 이야기를 요청받았을 때, 바로 안드레 대교주를 떠올린 건 아마 그런 이유가 아니었을까요? 불현듯 〈안녕, 프란체스카〉의 순간들이 그리워집니다."

어쩌면 신해철도
의사 친구 하나 없었구나

불의의 의료사고가 난 후 많은 사람이 분통을 터뜨리고 절망에 빠졌다. 같이 음악 활동을 준비하던 시나위의 신대철은 SNS에 '반드시 복수하겠다'는 글을 올리기도 했는데, 그것은 많은 사람의 생각을 대변하는 글이기도 했다.

에세이스트 고종석은 이렇게 말했다.

"의료사고 나고 분통이 터졌지. 70년대 노래 불렀던 사람들이나 알지, 잘 몰라. 산울림보다 뒤에 나온 사람들은 잘 몰라. 신해철의 말하는 특징이 보통 사람들은 돌려서 얘기하는데, 아주 공격적으로 '이 토론 듣는 사람 중에서 불법 다운로드 받아서 음악 듣는 사람 반성하라'고 세게 나가더라고. 보통 사람들은 그런데 나가면 겸손을 떨기도 하는데. 살아있을 때는 큰 관심이 없었는데, 사라지고 나니까 빈자리가 커 보이는 사람이지. 그 친구에 대해서 아는 바는 거의 없지만, 요새 가수 중에서 〈100분 토론〉 나와서 논리정연하게 공격적으로 나가는 사람이 어디 있어. SNS에서 씹힐까봐 겁이나 내고. 자기가 옳다고 생각하는 바는 굽힘 없이 얘기하는 사람이었잖아. 만일 만나게 된다면 '당신처럼 똑똑한 사람이 왜 그렇게 허접한 사람에게 당했는지, 너무 아쉬워'라고 말할 것 같아."

《내 심장을 쏴라》《7년의 밤》《종의 기원》 등을 쓴 작가 정유정은 이렇게 답했다.

"사실 나는 김경호 노래를 좋아해, 신해철 씨는 내 취향은 아닌 것 같아. 나는 간호사 출신이잖아, 죽은 현상 자체가 안타까웠지. 의료사고인데, 막을 수도 있었을 텐데, 너무 젊어서 갔네. 내가 그 사람을 좋아하든 안 하든 음악계에 일가를 이룬 사람이고, 젊잖아. 그래서 아까운 거지. 좀 더 활동할 수 있었을 텐데."

〈GO발뉴스〉 대표기자 이상호는 "생전에 만난 적은 없지만 팬이었다"고 말한다. 결국 자신이 좋아했던 아티스트와의 첫 만남이 국과수에서 이뤄졌다. 안타깝게도.

"68년생 동년배지만 존경하는 아티스트였어요. 장례식장에 갔는데 DJ DOC 창렬이가 의료사고라고 주장해서 얘기를 들어보니 의심스러웠어요. 그래서 화장하면 안 되고 부검해야 한다고, 혹시 매니저를 만나면 전해달라고 했습니다. 발인하는 날 새벽 4시 매니저한테 전화가 왔습니다. '절대 화장하면 안 된다, 명백한 의료사고로 보인다'고 30분 정도 설득을 했던 것 같습니다. 그래서 국과수에 요청을 한 것으로 알고 있고요. 신해철 씨 유족도 만났고 살아생전에 존경하는 아티스트였는데 결국은 국과수에서 만났고, 그나마 더 늦지 않게 만난 것을 다행스럽게 생각합니다."

덧붙여 이상호는 신해철에 대해 이렇게 말한다.

"내가 정말 너의 팬이다. 동시대에 너랑 같이 호흡해서 기뻤고 든든했다. 옛날에 노무현 전 대통령 탄핵 때 광화문에서 공연을 한 적이 있었는데, 신해철은 어두운 골방을 빛으로 채워주는 가수였지만, 넓은 광장도 가득 채워줄 수 있는 거대한 가수였다는 것을 항상 기억하고 있다."

이데아 출판사 대표 한성근은 이렇게 안타까움을 표했다.

"최근에 이데아에서 펴낸 책 중《의료붕괴》라는 책이 있는데 … 한 꼭지가 신해철 씨의 위밴드 수술과 관련된 내용이에요. 원고에도 언급이 되어 있지만 … 평범한 국민은 당연하고 … 신해철 씨 같은 사람도 정말로 아플 때 이야기 나눌 '의사 친구' 하나가 없었구나, 그런 의사 친구가 있었다면 … 그런 병원에서 허망한 죽음을 맞이하지 않을 수도 있었을 텐데… 그런 생각이 들었었네요."

늘 언론을 경계했지만
음악 얘기엔 무장해제되었던, 신해철

지금은 뉴시스 정치부장으로 있는 김호경은 음악 마니아이기도 하다. 그래서 〈국민일보〉 기자 시절 신해철을 인터뷰한 적이 있다고 했다. 그의 경험을 들어보면 신해철이 왜 기자들에게 방어적 위악적으로 대했는지, 또 말이 통하고 마음이 통하는 기자와는 어떻게 대화했는지를 알 수 있다. 그것은 이미 내가 겪은 일이기도 하다.

"신해철과의 인터뷰 때, 시작은 그렇게 유쾌하지 않았다. 약속 장소인 어떤 카페로 찾아가서 막 인사를 하려는데, 그는 무표정한 얼굴로 초면의 기자를 본 척 만 척 소파에 깊숙이 몸을 묻은 채 자리에서 일어나지도 않았다. 반바지 차림의 다리는 떡 하니 꼰 채로. 나는 다소 머쓱한 동시에 내심 고깝기도 했지만, 록음악의 불모지 상태였던 당시 본보 문화면에 록 관련 기사를 실어보려 한창 절치부심하던 시기라 내색은 하지 않고

'음악 얘기'만 하기로 했다.

넥스트 재결합 공연을 앞두고 있던 그에게 음악에 꽂힌 계기부터 거슬러 묻자 딥 퍼플에 대한 회상이 나왔고, 나 역시 10대 시절 가장 열광했던 씬 리지 얘기를 꺼냈다. 예상대로 곧 흥미를 보이며 발동이 걸린 그는 레드 제플린보다 딥 퍼플을, 에릭 클랩튼보다 제프 벡을 훨씬 좋아했다는 점에서 나와 흔쾌히 의견 일치를 봤다. 반 헤일런과 러쉬 등등으로 가지를 뻗치며 흥이 고조된 대화는 인터뷰라기보다는 한 살 터울 록키드끼리의 수다였다. 물론 한정된 신문지면 기사에는 전혀 소용도 안 될 잡담에 가까웠다.

그는 언론에 대한 자신의 경계와 냉소를 설명하면서 일간지 기자들과 인터뷰할 때면 대개 녹음기 지참을 요구한다고 했다. 자기가 한 말을 제대로 좀 옮기라고. 한 번은 모 스포츠지 기자가 살아오면서 기억에 남는 일이 뭐냐는 질문을 하길래 "대학 때는 당시 남들 다 그러했듯이 시위하면서 돌멩이도 던져봤다"고 한마디 했는데, 다음날 기사 제목으로 큰따옴표까지 쳐서 이렇게 내보냈단다. "나는 민주투사였다."

다른 기자를 만났을 때는 "핑크 플로이드의 곡들을 좋아하는데 연주하기는 힘들다"고 했더니 기사 제목을 또 이렇게 뽑더란다. "핑크 플로이드와 우리를 비교하지 말라."

언론에 당한 각종 황당 사례를 나열하다 "당신에겐 녹음 요청을 할 필요는 없을 것 같다"고 '호의'를 베풀길래 나도 웃음으로 화답했다. 3시간 가까이 떠들었던 내용을 온라인 기사로 소화할 창구가 있던 시절이라면 충분히 재미지게 다 살렸겠으나, 불과 원고지 6매짜리 박스로 숨 막히게 줄이느라 노트북을 붙들고 끙끙거리며 답답해하던 순간이 떠오른다.

느닷없는 사망 소식을 계기로 대수롭지 않은 인연을 잠시 회상해보지만, 사실 나는 신해철의 음악을 그다지 좋아하는 편은 아니었다. 그의 여러 히트곡은 내 취향에는 너무 달달하거나 오글거리는 '대중가요'로밖에 인식이 안 됐고, 넥스트 시절 일련의 앨범에서도 딱히 성에 차는 완성도를 느낀 곡이 없었다. 넥스트 재결합 공연을 보러 혼자 갔다가 크게 실망한 경험은 결정적이었다. 굽이 엄청나게 두꺼운 키높이 구두를 신고 무대 위에서 뒤뚱거리는 신해철의 모습은 우스꽝스럽기까지 했으며, 특히 '고음 불가'인 보컬 역량에는 실망을 넘어 좌절하지 않을 수 없었다.

그날따라 컨디션이 극히 저조한 탓이었는지는 모르겠지만, 〈라젠카〉나 심지어 〈그대에게〉의 후렴 부분을 부르는데도 쩔쩔매며 마이크를 객석에 들이대기 일쑤였으니 말이다. 신해철에 대해 '과포'의 혐의를 둔 이후 그의 음악 세계에 아예 흥미를 잃었고, 비록 정치적 호불호가 나와 가깝다고 해도 음악 외적 활약에 대해서는 관심 밖이었다.

그럼에도 불구하고 그의 죽음에 마음 한켠이 휑한 것은 〈The Ocean: 불멸에 관하여〉 때문이다. 넥스트 두 번째 앨범 《The Return Of N.EX.T Part 1-The Being》에 실린 이 대작을 동생이 가져온 카세트테이프로 처음 듣자마자 그 폭풍이 휘몰

아치는 듯한 장중함과 비장감에 곧 빠져들었다. 신해철 작품 중 거의 유일하게 심취해서 참 많이도 들었고 예나 지금이나 명곡으로 여긴다. 국내 록밴드의 노래 중 베스트를 들라고 한다면, 나는 PFM을 방불케 하는 이 곡을 잊지 않고 한 손에 꼽을 것이다.

〈The Ocean: 불멸에 관하여〉 한 곡을 선사해준 것만으로도 나는 그의 돌연한 사멸에 잠시나마 비감에 젖게 된다. 신해철은 음악으로 불멸을 이룬 셈인가. 세월이 지나도 변함없이 짙은 감상에 빠져들게 하는 우수 어린 서정과 격정이 오늘따라 더욱 사무치게 다가온다. 이 곡을 간만에 찾아 들으며 내려앉는 심사는 비단 신해철의 죽음 때문만은 아니다. 여행을 마치고 돌아와 집에 덩그러니 앉아 가시지 않는 쓸쓸함과 허무에 잠긴다.

'슬픔도 기쁨도 좌절도 거친 욕망들도 저 바다가 마르기 전에 사라져' 갈 것이니, 나는 결코 삶이 영원하기를 바라지 않는다. 사라져가야 한다는 데 두려움도 없다. 차라리 하루빨리 사라지고 싶다는 생각에도 때때로 사로잡힌다. 다만 사는 동안 이 기나긴 고독과 공허에서 최대한 벗어나고 싶을 뿐이다. 무엇이 필멸하는 삶을 구제해줄 수 있을까. 사십몇 년을 살고서야 이제 겨우 어렴풋이 해답이 보이는 것 같다."

MBC 보도본부 기자이자 《열정적 위로, 우아한 탐닉》의 저자 조승원은 〈시사매거진 2580〉 시절인 2004년 '대마초는 마약이다?'라는 아이템을 위해 신해철에게 전화를 걸었다. 신해철은 "근데 왜 하필 저예요? 다른 분들 많잖아요. 대중도 이제 다 잊었는데, 그 옛날 일을 다시 끄집어내면 … "이라고 말했고, 이상하게 오기가 생긴 조승원은 "제가 이 아이템을 준비하면서 정말 많은 사람을 만났는데요. 하나같이 그러더군요. 이 사안에 대해 신해철 씨만큼 논리정연한 분은 없다고. (중략) 인터뷰 안 해주시면 이 아이템 안 하렵니다. 그냥 접죠. 뭐"라고 말했다. 신해철은 "그럼 인터뷰를 할 건지 말 건지 만나서 얘기를 들어보고 정합시다. 밤 11시까지 작업실로 찾아오세요. 당신이 나를 설득시키면 인터뷰를 할 것이고, 만나서도 설득 못 시키면 인터뷰는 없습니다. 알겠죠?"라고 답했다.

결론부터 말하자면 두 사람은 밤새 음악 이야기를 하고, 대화가 끝났을 때는 동이 튼 뒤였다고 한다. 그리고 그날 나눈 이야기가 모티브가 되어 훗날 조승원은 '예술가의 술 사용법'이라는 부제가 붙은 《열정적 위로, 우아한 탐닉》이라는 책의 집필로 이어졌다. 신해철은 이렇게 음악 이야기에는 무장해제가 되는 그런 사람이었다.

어느 언론은 '키가 작은 콤플렉스가 신해철을 만든 원동력'이라고 한 적도 있는데, 이에 대한 신해철의 답은 단호했다.

"완전히 날조예요. 우리 집안 풍토가 '키 큰 놈들은 싱겁다'는 강력한 분위기를 집안 전체에서 형성하고 있는 가문에서 자랐어요. 우리 집안 전체가 종자가 조그만 집안이어서 그런지 몰라도 가문 전체의 슬로건이 '키 큰 놈들은 안 돼'였거든요.(웃음)

어릴 때부터 키에 대한 콤플렉스에 시달릴 일이 없었던 데다가 중학교 때 키 큰 놈들 좀 손봐주고, 거의 부하 삼아 데리고 다녔기 때문에 키에 대한 콤플렉스가 없었던 거죠."

시대를 앞서간 〈내일은 늦으리〉 콘서트, 한국판 〈위 아 더 월드〉

신해철의 천재성과 앞서간 시대감각을 보여준 사건이 또 하나 있다. 1992년 10월 25일에 열린 환경보전 슈퍼 콘서트 〈내일은 늦으리〉. 당대의 슈퍼스타 서태지와 아이들, 넥스트, 015B, 윤상, 신성우, 김종서, 봄여름가을겨울, 푸른하늘, 신승훈, 이승환 등이 참여해서 자작곡을 발표한 무대였다.

〈매경프리미엄〉의 홍장원 기자는 "신해철은 가수들을 직접 설득해 행사에 참여시켰을 정도로 열정을 쏟았다. 선배 가수를 제치고 행사 전력의 60-70퍼센트 이상을 차지하던 리더였다. 당시 그의 나이는 고작 한국 나이로 25세, 젊다 못해 어린 나이였다. 새파랗게 젊던 그가 어떻게 어떻게 내로라하는 슈퍼스타가 모인 군단을 이끌며 행사에 색채를 입히고 앨범 전체를 프로듀스했는지, 그의 천재성에 다시 한번 놀랄 뿐이다"라고 썼다.

"그 당시 〈내일은 늦으리〉에 참여했던 아티스트 중에서 저까지 포함해서 환경 문제에 관심이 있었던 아티스트는 한 명도 없었을 겁니다. 알지도 못했을 거고, 관심도 없었고, 실감도 못 했을 거예요. 그 당시 아티스트들이 공감하고 있었던 게 뭐냐면 동원된 나팔수가 아니라, 한 테마에 의해서 사회적으로 아티스트들이 군으로 움직이는 그런 게 해외에는 존재한다는 걸 알고 있었어요. 그 당시 모였던 아티스트들은 우리의 움직임이 그런 식에 해당한다는 걸 알고 있었는데, 그 이후로 〈내일은 늦으리〉는 퇴화하게 되죠.

그다음에는 제작자 협회나 이런 데서 가수들 동원해서 인형이나 꼭두각시처럼 세워놓는 놀음으로 전락하고 마니까요. 제대로 된 건 1회 때 한 번 아니었을까요. 그건 우연이었어요.

그 당시에 그 또래의 자의식 있는 아티스트군이 형성이 되어있을 때, 우리에게 환경이란 숙제가 던져졌던 거죠. 그리고 그 아티스트군은 우리가 집단으로 무빙을 가져가는 게 효과가 있을 거라는 사실을 알고 있거나, 혹은 최소한 설득에 공감할 수 있는 사람들이었고요. 그 당시에 제가 프로듀서의 역할을 한 것은 아무것도 없어요. 소풍갈 때 조장 그런 역할이었죠.(웃음) 누군가는 이름을 체크해야 되니까."

지승호(이하 지) 일종의 밴드의 리더로서의 역할일 수도 있었을 것 같은데요. 밴드의 리더는 지나치게 아티스틱해서 자폐적이면 안 되지 않습니까? 자의식 강한 아티스트들이 모였기 때문에 그들을 하나로 묶어내는 게 쉽지만은 않았을 것 같습니다.

신해철(이하 신) 아티스트들이 환경 문제에 대해서 자기 곡을 만들어오는 것은 아무런 문제가 없었고요. 문제는 〈위 아 더 월드〉의 한국판 버전이라고 얘기했던 〈더 늦기 전에〉에 그 자의식이 쎈, 강제 동원에도 응하지 않는, 차라리 그뒤에는 쉽다고 할 수 있죠. 강제 동원에도 응하지 않고, 매니저들의 명령도 통하지 않는 자기들이 직접 제작자나 마찬가지의 위치에 올라가 있는 그 아티스트들을 한 녹음실에 쳐박아서 녹음을 해야 하는데요.

지 대통령이 밥 먹으러 오라고 해도, 자기 스케줄 있으면 안 갈 사람들이 많잖아요.

신 다들 그 과잖아요. 근데 그게 동시였어요. 이 사람들을 줄을 세워서 녹음실을 들어가야 하는데, 주관사로부터 '신해철, 네가 해라'가 된 거죠. 그리고 아티스트들도 이구동성으로 '난 이 새끼 싫어, 저 새낀 안 돼. 저놈은 안 봐. 해철이가 해라. 해철이가 하면 할게. 그래 해철이가 해야지' 그렇게 얼렁뚱땅 반장이 됐죠. 그래서 그 대가 쎈 아티스트들에게 몇 소절을 부르게 할 건가, 어느 가수를 어디다 배치할 건가, 음역대도 다 들쑥날쑥하고 보컬 특징도 다 다른데, 한 곡 안에 그걸 어떻게 다 때려넣을 건가. 저는 전체 비전과 구도를 보지만, 각 아티스트들은 최종 결과물을 예측하지 못하는 상태에서 일단 저를 믿고 따라와줘야 녹음이 되는데, 그냥 가자고 하면 가는 사람들이냐고요. 그래서 그 당시에 군소리 없이 다들 협조해준 게 너무 고마워요.

그 까탈스러운 인간들이 '씨바 네가 알아서 하겠지' 하고 해주더라고요.(웃음)

지 음악도 그렇고, 사회 분위기도 예전엔 그런 게 많았지 않습니까? 예전에는 해외에서도 '방글라데시 돕기 콘서트'라든지 그런 게 많았는데, 요즘은 별로 없잖아요. 인간 간에 연대의식이 없어졌다고 해야 할까요?

신 연대의식이 없어져서 그런다기보다는 그때나 지금이나 사회 분위기는 비슷비슷합니다. 하지만 그런 것을 하고 싶어도 자의식 있는 아티스트군이 전멸해버렸으니까요. 체조 경기장이나 종합 경기장에다가 MR이나 AR 틀어놓고 가수들 동원해서 풍선부대들 10만 명씩 무료관객들을 집합시킬 수는 있겠지만, 거기다 어떤 테마를 부여하고 간다는 것은 스스로의 목소리를 가지고 있는 아티스트군이 전멸한 이상 무리죠.

〈일상으로의 초대〉
평범한 듯 심금을 울리는 러브송

"〈일상으로의 초대〉는 1980년대 조용필의 〈비련〉과 이용의 〈잊혀진 계절〉 뒤로 무수하게 히트 퍼레이드를 장식해온 한국형 러브 발라드의 동어반복에서 완벽하게 벗어나, 이 영원한 주류 문법의 역사에 새로운 감수성의 지평을 연 기념비적인 노래다. 〈일상으로의 초대〉 이후로, 이보다 참신하고 성숙한 구애의 노래를 나는 듣지 못했다. 만약 신해철이 단 한 곡, 이 노래만을 만들었다고 하더라도 그의 이름은 명예의 전당에 헌액獻額되어야 한다고 주장하고 싶다."

강헌, 《신해철》 중에서

40대 그래픽 디자이너 김상희는 신해철을 이렇게 기억한다.

"고故 신해철님은 저희 세대에게는 뭔가 나이 많은 복학생 오라버니 같은 이미지가 있어요. 뭔가 세상살이 다 알 것만 같은 포스 풀풀 풍기는 복학생 오라버니. 그러면서도 뭔가 할 말 다 하는 사악한 장난꾸러기 같은 이미지가 있었는데, 아마도 오랜 시간 진행했던 그의 라디오 방송 때문인 것 같아요. '마왕'이라는 별명도 그렇고요. 어쩜 그리 요즘 말로 '착붙'인지…. 노래들도 좋은 노래가 참 많았는데 … 저는 〈일상으로의 초대〉라는 노래가 참 좋았어요. 당시 만약 결혼하게 된다면 듣고 싶은 청혼가가 그 노래였어요. 가사를 살펴보면 정말 갖고 싶은 평범한 행복에 대한 것을 노래했거든요. 뭘 어떻게 특별히 해주겠다가 아닌 … 그저 평범한 일상을 함께하자는 내용이었는데, 그게 그렇게 감동스럽더라고요."

연애가 현재진행형일 때만 러브송을 쓸 수 있다던 신해철이었고, 본격적인 발라드나 러브송이 의외로 많지 않았지만 〈일상으로의 초대〉는 사람들의 마음속에 깊이 각인되어 있다.

건설회사에 근무하는 김승현은 홍콩에서 터널 공사를 한 적이 있는데, 그때 이 노래가 위로가 되어주었다고 한다.

"〈일상으로의 초대〉를 좋아합니다. 홍콩에서 터널 공사를 한 적이 있는데, 엔지니어들을 관리하는 역할이었죠. 그때 노래에 묻어 있는 감성이 내 마음을 울렸습니다. 고국이 그리울 때 한국에 있는 느낌이었죠."

그리고 그의 음악과 함께 청춘과 사랑의 아픔을 기억하는 사람들의 이야기 둘을 소개한다.

하나, 김수현_출판사 에이프릴 대표

"대학가요제를 거의 전 국민이 보던 때 신해철이 있는 무한궤도의 음악을 처음 접했다. 80년대는 메탈의 전성기였고, 록 마니아인 나는 대학가요제에서 록음악이 대상을 받는 건 고무적인 일이라며 좋아했다. 물론 신해철의 보컬이 좋은 건 아니었고, 노래를 좀 잘해줬으면 하는 아쉬움이 있었다. 그리고 그들의 성장을 기대했다.

몇 년 후에 신해철은 N.EX.T라는 그룹에서 〈날아라 병아리〉를 불렀고 선풍적인 인기를 얻었다. 마침 첫사랑을 하던 나는 애인의 목소리로 N.EX.T의 〈인형의 기사〉를 들었는데, 노래방에서 애인이 부르는 〈인형의 기사〉는 세상 그 어떤 곡보다도 멋진 곡이었다. 그러나 슬픈 가사처럼 그는 나의 기사가 될 수 없었다. 우리는 헤어질 때 친구의 악수를 나눴다. 흔한 말처럼 사람은 갔지만, 노래는 남았다. '신해철' 하면 그 사람이 생각나고, 그 사람이 떠오르면 〈인형의 기사〉의 멜로디와 가사가 머릿속을 떠다닌다.

어느 정도 시간이 흘러 그의 이름은 '마왕'이라는 수식어와 함께 계속 들려왔다. 신해철의 거침없는 입담을 듣기 위해 그가 나오는 〈100분 토론〉을 찾아서 봤고, 직접행동을 하는 그가 멋져 보였다. 특히 간통죄 폐지, 대마초 비범죄화, 체벌금지는 상당히 설득력 있었고, 나도 모르게 그의 행보를 주시하게 되었다.

신해철을 전폭 지지하게 된 사건이 있다. 노무현 후보 선거 유세에 참여했던 그가 노무현 정부의 이라크전 파병 결정에 반대한 것이다. 본인이 지지한 사람의 결정에 반대 깃발을 들고 나오기는 어려운 일이다. 사랑하는 사람이 잘못된 길로 가는 것을 그냥 바라보는 사람이 있다. 충돌과 어색함이 싫어서. 그러나 그는 잘못된 건 잘못되었다고 말했다.

신해철의 사망 소식이 전해지고 음모론까지 생각했다. 너무 어이없는 죽음이었다. 그러나 당시 나는 정신없는 시기를 보내던 때라 안타깝게도 그의 죽음을 맘껏 추모하지 못했다. 차츰 일상에서 멀어졌던 그가 다시 나타난 건 하현우가 음악 프로그램 〈복면가왕〉에서 신해철의 노래를 부르고부터다. 신해철의 음악을 그제야 다 들어보았다. 〈일상으로의 초대〉 〈민물장어의 꿈〉 등을 핸드폰에 넣어서 듣고 다녔고, 힘겨울 때는 〈해에게서 소년에게〉를 들었다.

이제야 알았다. 신해철의 음악은 나의 젊음과 함께했었다는 것을. 남은 인생 여정에서도 함께할 것이라는 것을."

둘, 정나리_뮤지션, 월정곰닭 운영

"드라마 〈응답하라 1988〉에서 덕선이와 친구들이 MBC 대학가요제를 보다가 갑자기 얼어붙는 장면이 있다. 무한궤도라는 팀이 마지막 순서로 등장해 〈그대에게〉를 연주하기 시작한 순간, 그러니까 신시사이저가 리드하는 그 유명한 전주가 흐르기 시작한 순간 정신이 멍해진 사람이 그들뿐이었을까.

많은 사람이 그랬듯 나 역시 그날 이후 신해철의 팬이 되었고, 신해철처럼 머리를 자르고, 신해철처럼 디스코바지를 접어 입었다. 태어나서 처음으로 구입한 음반이 무한궤도의 테이프였고, 원본을 반복해서 들으면 테이프가 늘어날까 봐 공테이프로 복사본을 여러 개 만들어두고 그걸 듣고 또 들었.

어느 날 사람들 앞에서 〈여름 이야기〉를 부르는 친구를 보고 첫눈에 반해버린 건, 그 노래가 신해철의 노래어서였을까, 아니면 그저 그 친구가 노래를 잘해서였을까.

첫사랑은 그렇게 찾아왔고, 그후로 아주 오랫동안 짝사랑으로 이어졌다. 그러던 어느 날 나는 뜬금없이 고백하고, 예상대로 거절당했으며, 기대 따위 하지 않았으니 괜찮다는 말로 스스로를 위로했다.

한참 후, 신해철이 세상을 떠났다는 얼얼한 뉴스를 접하던 날, 나는 여전히 그 친구를 너무나 보고 싶어 하고 있다는 사실을 깨달았다. 무용하고 뒤늦었던 고백이 새삼 창피해서, 이제 잡을 수 없는 것들이 서러워서, 나는 그날 잠들기 전에 아주 오랫동안 울었다.

신해철의 노래를 부르던 그 친구의 실루엣이 기억 속에서 서서히 무너질 만큼 오랜 시간이 흘렀다. 혹시 그가 불렀던 노래는 〈우리 앞에 생이 끝나갈 때〉였던가, 아니면 역시 〈그대에게〉였던가. 이제 그마저도 가물가물하다. 삶이 일방향으로 진행되고, 그마저도 단 한 번뿐이라는 사실은 종종 한탄스럽다. 첫사랑도, 신해철도 이제 돌아오지 못할 것이다.

그러니 이런 날엔 조금 서글픈 마음으로 기도해본다. 신해철이 저 하늘에서 평소와 다름없이 실없는 농담을 던지고 있기를. 친구의 노래가 계속 이어지기를. 내가 나의 노래를 계속 만들 수 있기를."

고양이를 닮은, 신해철

"성격이 같은 고양이는 단 한 마리도 없으며 각각의 다양성과 개성을 가진 존재로서 생활한다."
존 브래드쇼, 《캣 센스》 중에서

출판칼럼니스트 한미화는 "이우일, 스노우캣 그리는 권윤주, 박찬욱, 신해철에게서 고양이 냄새가 맡아진다"고 한 적이 있다. '독립적이고, 도도하고, 똑똑하고, 혼자 놀기 좋아할 것 같은 이미지'에서 기인한 듯하다.

박찬욱 감독은 배우 이영애에 대해 "때론 아주 얇은 표면만 있는 사람 같고, 때로는 속을 전혀 알 수 없는 사람 같다. 그게 매력이다"라고 했다. 신해철 역시 거침없이 솔직하게 얘기를 하는 것을 보면 쉽게 '어떤 사람'이라고 판단할 수도 있을 것 같은데, 어떤 면에서는 10년이 지나도 모를 것 같은 그런 사람이기도 했다. 다 보여주는 것 같은데, '지금 무슨 생각을 할까?' 하고 궁금하게 만드는 사람. 어쩌면 그에 대한 많은 오해는 상당 부분 그런 데서 기인한 것이 아닌가 싶기도 하다. 2007년, 그에게 이런 얘길 많이 듣지 않냐고 물었다.

"맨날 듣는 얘기는 알고 보면 되게 편하고, 이런 전형적인 O형 성격의 공식에서 어떻게 하나도 안 벗어나는 이런 인간이 있나 하거든요.(웃음) 전형적인 O형이고, 게으름뱅이에다가, 그 게으름뱅이가 20년 동안 앨범을 25장이나 만들었다는 건 골때리는 일이죠."

나는 "아니 그렇게 많은 일을 해내면서 게으름뱅이라고 하다니요?"라고 반문했다.

"저로서는 음악을 하거나 책을 보거나 이게 다 놀이거든요. 놀이에 해당하지 않는 거는 웬만하면 안 하니까, 글을 쓴다든지 이런 건 제게는 절대로 놀이가 될 수 없으니까, 노동인 거죠. 말하고 대화하는 것만큼 중요한 놀이가 없잖아요. 라디오 방송하는 것도 제게는 놀이죠. '라디오 방송을 한다, 말을 한다는 것은 철저하게 놀이어야 한다, 철저하게 프라이빗이어야 하고, 이 일을 한다고 사람들에게 위선 떨고 이럴 일이 아니다'라고 생각해서 만들었던 게 〈고스트 스테이션〉인데요. 그런 걸 사람들한데 알리기 위한 방법 중 하나가 땡땡이거든요. 하기 싫은 날은 안 해야죠. 한두 해 하는 것도 아니고."(웃음)

위에 언급된 네 사람의 공통점은 모두 고양이를 키운다는 것이다.

문화 혁명가, 신해철

신해철은 〈PAPER〉 황경신 편집장과의 인터뷰에서 후배들한테 자주 하는 말이라면서 이런 말을 했다고 한다.

"우리는 황혼이 지는 절벽 위에서 물구나무서기를 하고 있는 자와 같다. 그래서 당장 굴러떨어질 수 있을 정도로 항상 위험하고 위태위태하고 언제든지 깨질 수 있다. 작품 하나를 만들기 위해서 인생 전체가 파탄 날 위험도 감수해야 되는 놈들이다." 그는 그런 비정한, 아니 비장한 과정을 거쳐 살아남은 사람이다.

황경신은 그를 만난 후 이런 표현을 했다.

"커트 코베인은 영웅이 되지 않으려고 목숨을 끊었고, 서태지는 영웅이 버거워 떠났다. 혹자가 신해철을 영웅의 자리에 올려놓으려고, 또는 혹자가 신해철을 그 자리에서 끌어내리려고 마음대로 찬사하고 비난하는 동안 그는 '음악만 하면 되는 억

세게 운 좋은 놈' 정도로 자신을 생각하고 '죽는 날까지 그렇게 사는 거지' 정도로 삶을 생각한다고 말했다."

그러면서 황경신은 신해철에 대해 이렇게 덧붙였다.

"자신이 서 있는 곳이 어딘지 아는 사람, 자신이 가야 할 길이 어떤 길인지 아는 사람은 시대를 통틀어 무척 드물다. 그리고 음악으로 길을 찾고 길을 만드는 사람은 도무지 독재나 강요가 통하지 않는 음악의 아름다운 특성 때문에라도 충분히 존중받아야 한다."

《신해철의 쾌변독설》을 위한 인터뷰가 끝난 후 사람들이 내게 물었다. "신해철은 어떤 사람이야?", "아직도 잘 모르겠어. 하지만 체 게바라 같은 사람 같아." 나는 그에 대해 체 게바라와 같은 사람이라고 했다. 총을 들고 싸울 수 없는 이 시대에 그는 문화, 음악을 무기로 싸우는 혁명가이자 전사였다. 그런데 그 말을 들은 어느 학원 원장님이 물었다. "근데 체 게바라가 누구야?", 그 대답을 들은 나는 역시 혁명의 길은 멀고도 험하다는 생각이 들었다.

"저는 저 자신이 도덕적인 사람이라고 생각하지도 않고, 착한 사람이라고 생각하지도 않아요. 모든 종류의 유혹에 빠지기 쉬운 쾌락주의자입니다. 그런데 어린 시절부터 '무사도'에 대한 로망이랄까, 그런 치기 같은 것들이 저를 이루고 있는 부분 중에서 꽤나 큰 부분을 형성하고 있는 것 같아요. 어릴 때 그런 책들이나 영화나 이런 류를 보면, 제가 전쟁의 역사나 히스토리나 구체적인 어떤 전쟁의 전술론 이런 것까지 굉장히 관심 깊게 보는데요. 그중에서 저를 감동시키는 장면은 죽을 줄 뻔히 아는 싸움에 나가는 거였거든요. 예를 들면 다케다 신겐 가문이 멸망할 때, 오다 노부나가와의 전쟁에서 다케다 가의 유명한 기병대들이 시대의 변화를 감당하지 못하고 밀집 소총 대형에 의해서 전멸하지 않습니까? 이미 일대가 전멸한 것을 보고 마지막에 선대로부터 이어온 가신들, 늙은이들이 칼과 칼을 맞대면서 '지옥에서 만나세' 하면서 돌격하잖아요. 지는 싸움인데 나간단 말입니다."

그는 자신의 말처럼 지는 싸움을 마다하지 않는, 아니 애써 그런 싸움에 다가가는 사람이었다. 그는 자신의 삶에 가장 영향을 준 사람으로 어머니와 체 게바라를 꼽았다.

"직접적으로 가장 영향을 많이 준 사람은 어머니겠고요. 어린 시절의 히어로로 삼았던 사람들은 체 게바라 같은 사람들이죠. 일단 자신이 부유한 출신인데도 빈자를 위해서 싸웠다는 점이 감명 깊었어요. 그리고 게바라를 존경하게 됐던 것은 쿠바혁명이 완성된 다음에 이 사람은 일반적인 상식으로 따지면 눌러앉아서 부귀영화를 누려야 하는데, 또 소총을 잡고 정글 속으로 들어간단 말입니다. 아직도 전 세계의 모든 인민은 해방되지 않았다며. 그런 게 우리가 쉽게 얘기하는 신념이라는 거 아니겠어요. 그리고 실존 인물은 아니지만, 제게 롤모델이 되어줬던 것은 소설《천국의 열쇠》에 등장하는 프랜시스 치셤 신부예요. 친구는 주교로 출세하고 승승장구하는데, 이 지지리 재주 없고 무능력한 치셤은 결국 중국 선교로 밀려나고, 같이 지내는 수녀한테도 심각한 인간으로 경멸받아 사이가 좋지 않고, 그래서 친구가 조언을 해줘요. 저녁 식사 같은 데 초대해서 얘기를 나눠본 적이 있느냐, 이 인간은 그런 게 왜 필요한지조차도 모르거든요. 그리고 전쟁이 나서 마을 아이들을 살리기 위해서 뛰어갔을 때, 그 수녀가 부엌에 들어가 보니까 그 부엌에는 감자 쪼가리 몇 개와 된장만이 놓여있죠. 된장에다가 감자 쪼가리를 찍어 먹고 있으니까 누구를 저녁 식사에 초대할 리가 만무한 거죠. 거기서 청소년기 때 느꼈던 건 이 사람은 신에게 자기 자신을 다 보트한 거지만, 저는 무언가 하나의 목적에다가 자기 자신을 도구로 삼아서 완전히 불타오르고 완전히 헌신하는 그런 삶을 살고 싶었어요. 적당히 졸업하고 취직하고, 아이를 갖는다는 얘기는 그 당시 제게는 수치고 모욕이었죠."

그가 버트런드 러셀을 좋아하는 이유 역시 비슷했다.
"러셀의 글이 아니라 러셀이라는 인간 자체가 제게 주는 충격은 온 국민이 전쟁에 매달려서 총화단결을 부르짖고 있을 때, 이 인간 혼자 반전을 얘기해서 학계에서 추방당하고 교수직을 박탈당하고 왕따를 당하지 않습니까? 도대체 거대한 적인 여론, 대중, 공권력 앞에서 무릎 꿇지 않는 이유가 뭐냐. 저는 그 당시 분위기상 반전을 주장했던 러셀이 과연 옳은 판단을 한 거냐, 아니면 끝끝내 국민을 통솔하고 전쟁을 승리로 이끈 처칠이 더 위대한 거냐, 그 부분이 포인트가 아니라고 본 거죠. 러셀이 거기서 반전을 주장했다는 게 옳으냐 그르냐를 따지기 전에 좀 전에도 얘기했다시피 대중, 권력, 언론, 공권력, 그리고 그 집단적 광기 앞에서 이길 수 없는 싸움인데 두들겨 맞으면서 왜 항복하지 않았느냐. 그리고 그나마 전쟁이 끝나고 오랜 세월이 흐른 다음에 복구가 됐지만, 만일 우리나라였으면 어떻게 되었을까요? 우리나라에서 어떤 사람이 러셀처럼 일어나서 흐름에 거스르는 얘기를 했다면, 맞아 죽거나 영구 재기하지 못했거나 존재하지 못했을 거예요. 나중에 그 사람을 원래 자리로 돌려보내는 그 나라, 그 민족도 대단한 사람들이라는 생각이 들거든요."

음악의 신이 지닌
천개의 얼굴을 모두 사랑한, 신해철

"우리가 극심한 변화의 물결 속에 있지만 그럼에도 불구하고 변하지 않고 남아 있는 것이 있어요. 사람이 있고, 사람들은 음악을 듣는다는 단순한 사실. 이건 변하지 않잖아요."

진중권의 〈문화다방〉에서 신해철이 한 말

한때 신부神父를 꿈꿨을 정도로 결벽증이 있던 소년 신해철은 '음악을 할 수만 있게 해준다면 평생 섹스를 하지 않겠다'는 신탁을 한다. 그 신탁은 곧 철회했지만 '자신의 이름으로 집을 가지지 않고, 평생 음악을 위해 살겠다'는 약속은 평생 지켰다.

장르의 백화점이라는 비난을 많이 들었던(도대체 그게 왜 비난을 받아야 할 일인지는 알 수 없으나) 그는 하이텔 언더그라운드 음악 동호회에 "N.EX.T의 음악은 한마디로 정의해서 70-80년대 후반까지 감수성이 예민한 청소년들이 접할 수 있었던 여러 음악 DISCO, HARD ROCK, HEAVY METAL, PROGRESSIVE,

CLASSIC 넓게는 JAPANESE POP까지 … 이런 류의 음악들을 혼합, 분배해보고 재현해보려는 음악입니다"라는 설명을 보내기까지 했다.

"한마디로 음악을 너무 좋아해서 장르 불사, 시간 불사, 모든 음악은 다 좋은 거라고 굳게 믿고 있던, 그리고 자신이 플레이어가 아니고 리스너로 살아갈 거라고 믿고 있던 한 소년에게 음악 권력이 떨어진 거죠. 어느 날 갑자기 하늘에서 뚝.(웃음) '이게 웬일이야, 씨바 휘둘러봐, 레프트 라이트 위 아래 다 죽었어' 하게 된 건데. 한마디로 다시 정의하면 일주일 동안 굶주린 거지를 음악이라는 성대한 뷔페장에다가 풀어놓은 겁니다. 한식, 일식, 중식, 어떤 것도 제게 악은 없어요. 심지어 발라드 댄스 뮤직마저도, 저는 발라드로 첫 솔로 커리어를 성공했는데 좋아했으니까 한 거죠.

녹음실에 들어가서 녹음을 하고 있다는 이유만으로 해피한 거지. 이게 밴드가 아니고, 발라드를 하고 있다고 해도 'OK, 괜찮아, 나중에 하면 되잖아. 일단 지금 할 수 있는 것들을 재밌게 하자, 이것도 재밌지 않니'라고 자신에게 얘기했죠. 100퍼센트 아니 150퍼센트 동의가 되는 거니까요. 저 스스로한테. 자신에게 하는 변명이 아니고, 지금 녹음을 하고 판을 내고 있는데 얼마나 행복해요. '너는 어차피 하드록 보컬은 안 되니까 평생 이거 해야 될지도 몰라. 하는 김에 잘하자'고 했는데, 나중에 질러보니까 좀 돼요. '씨바, 그러면 록도 해보자' 이렇게 된 거죠."(웃음)

그가 음악의 권력(?)을 가지고 휘두르게 되자 어떤 이들은 열광했고, 어떤 이들은 질시하면서 공격했다.

"백화점이 콘셉트일 때는 어떻게 할 거냐고요. 너무 웃긴 건 〈재즈 카페〉가 들어 있는 앨범이 백화점식 나열의 시조인데, 그 당시에는 백화점식 나열이야말로 주류에 대한 도전이었거든요. 앨범 전체에 발라드를 채워야만 히트곡이 나온다는 강박이 있었고요. 그 당시의 분위기를 모르니까 그런 얘기를 함부로 하죠. 발라드 가수임에도 불구하고 빠른 노래가 하나 들어가는 이유는 밤무대를 해야 되니까요. 그러한 이유로 앨범 구성이 짜여진 시대였단 말이에요.

그런데 거기다 대고 앨범에 수록된 전곡 하나하나 장르가 다 다른 것을 때려넣었다는 겁니다. 그런 경우에는 퀄리티 컨트롤이 안되기 쉽고, 아차 하면 망하는 거잖아요. 그런데 각 분야에 대해서 여기저기 닥치는 대로 다 덤빈 게 일정한 퀄리티를 다 넘었으니까 욕은 안 먹은 거란 말이죠.

그리고 혼성 모방이라는 것을 추구하다 보면 당연히 결과는 백화점식으로 스펙트럼이 쫙 벌어지죠. 그러면 앨범을 한두 장 낼 때 백화점식 나열을 통해 상업적으로 일시적인 재미를 보려고 한다면 모르겠는데, 한 사람이 음악 인생을 통해서 그렇게 한다면 '그게 콘셉트구나' 하고 사람들이 좀 인정을 할 줄 알아야 해요. 앨범 스물 몇 장을 그렇게 내버리면 '아, 그게 콘셉트구나' 하는 것을 인정해야지. 날 보고 블루스 음반을 하나 만들라고요?

결국 이번에도 재즈 앨범이라는 것을 하나 냈고요.《Monocrom》 때도 백화점식 나열보다는 훨씬 더 집약적인 앨범을 내놓았지만, 결국 사람들이 기대하는 신해철은 아니었잖아요. CD에서 다음 곡이 뭐가 튀어나올지 모르는 신해철을 사람들이 기대하는 거 아닙니까?"

그래서 그에게 기대를 걸던 대중, 청중은 그에게 기대와 압력을 가하기도 했다. 그러나 그는 그런 압력과는 다소 거리를 두는 행보를 보였다.

"사실 제가 대중한테 받은 압력 중에서 '이런이런 음악을 우리도 갖고 싶어'라는 부분에는 충실히 부응했지만, 그들이 제게 맡긴 롤모델 중에서 어떤 부분은 철저히 거부했냐면 아이돌 진영과 싸우라는 거였어요. 그들과 각을 세우고, 진정성에서 떨어지는 음악들을 난타하고, 구박하고, 앞장서서 싸우라는 그 오더는 철저히 거부했거든요. 그리고 오히려 꿩 구워 먹는 소리를 많이 했죠. '제가 아이돌인데요'부터 시작해서 '걔들 음악 좋던데요'라고 하기도 했고요."(웃음)

가요계에 '립싱크 논쟁'이 일었던 적이 있다. 그때 '같은 편인 줄 알았는데' 하면서 그에게 서운해하는 사람들이 있었다. 그는 립싱크에 찬성한 것이 아니다. "립싱크가 싫다면 라이브로 노래하고, 연주하는 사람들을 찾아다니고 박수를 쳐줘야 없어지는 것이지, 립싱크하는 사람들을 욕한다고 없어지는 것이 아니다"

라고 했고, 아이돌 가수에 대해서도 같은 태도였다. 아이돌 진영을 욕하는 것만으로는 바뀌지 않는다며 자신이 진행하는 프로그램에서 꾸준히 인디 진영, 아티스트 진영의 노래를 소개했다. 계속 자신을 비난하던 후배가 밴드를 만들어 데뷔하자 물심양면으로 도와주기도 했고, 자신을 탐탁지 않게 여기던 후배에게 '게임 CD 좀 구해다줘' 하고 부른 후 '별걸 다 시키네' 하고 투덜대며 달려온 후배에게 슬쩍 봉투를 내밀며 '나 좀 예쁘게 봐줘'라고 하는 등등 알고 보면 미담 부자이기도 했다.

흔히 그의 독설을 네거티브라고 생각하기 쉽지만, 그는 포지티브한 방법으로 세상과 싸우는 사람이었고 천성적으로 따뜻한 사람이었다.

"저는 저 자신이 훨씬 더 공격적이라고 생각해요. 부정적인 네거티브의 공세로 '이 음악은 안 된다. 얘네는 이래서는 안 된다'고 말하는 것을 저는 수비라고 보거든요. 대안을 찾아내고 뭔가 판을 바꾸기 위해서 근본적인 개혁을 해나가는 것이야말로 훨씬 적극적인 공격이라고 봅니다."

그리고 세계적인 그룹 주다스 프리스트의 앨범을 담당했던 엔지니어 크리스 상그리디는 신해철의 저주받은 걸작 《Monocrom》에 참여했고, 그 앨범에 실린 〈Machine Messiah〉의 기타 리프를 무단으로 사용해서 표절 시비가 일기도 했다. 외국 밴드가 국내 아티스트의 음악을 표절한 것 아니냐는 의혹은 초유의 일이었다.

그는 더 나은 음악을 실험하기 위해 음반을 만드는 데 드는 비용을 아끼지 않았고, 더 나은 음악을 하기 위해 영국과 미국에 다녀오기도 했다.

이런 신해철에게 문화혁명을 기대하는 사람들이 많다.

《스타비평 3》(2000)에서 문명필은 "만약 '혁명'이라는 것이 그 단어가 지니는 파괴적이고 강렬한 이미지만큼 힘을 가지고 있고 누군가 그런 '혁명'을 일으킬 수 있다면, 나는 우리 대중음악판에 이 '혁명'이라는 단어가 절실하게 필요하다고 생각한다. 새로움에의 도전이라고는 도무지 찾을 수 없고 하나같이 똑같은 댄스음악에 똑같은 사랑 타령으로 표절과 베끼기를 눈 하나 깜짝하지 않고 저지르며, 립싱크를 당연시하는 무늬뿐인 가수들과 그저 돈만 아는 음반 제작자들이 판치는 우리의 대중음악계를 보면 나는 적어도 우리의 대중음악만큼은 대변혁의 문화적인 혁명이 필요하다는 생각이 든다"고 말하면서, 이러한 문화혁명을 현재진행형으로 열심히 펼치고 있는 대표적 음악인으로 신해철을 꼽았다.

신해철은 죽기 직전 냈던 《REBOOT MYSELF》 앨범까지 실험을 거듭했다. 〈A.D.D.A〉라는 곡에서는 1인 아카펠라를 시도하면서 수천 번의 더빙을 하기도 했다. 그리고 본인의 소신이었던 경상도 방언의 랩으로의 가능성 역시 그 곡을 통해 실험했다.

"그에게는 언제나 '다음'이 있었다. 다음을 향한 불굴의 의지, 그것이 신해철이 지닌 가장 빛나는 예지였다. 음악으로 표현할 수 있는 모든 장르에 도전하고 싶었다던 그."
"아직도, 새로 시도할 게 남았나 보네?"
"그러게, 형, 있잖아. 내가 갑자기 생각나서 세보니까 앨범만 스물일곱 장이더라고. 어느덧! 완전 원로가수지. 근데 말이야. 해도 해도 할 게 남아 있더라."

강헌, 《신해철》 중에서

체벌권을 쥔 중1 반장과
밴드 리더로서 리더십의 차이

생각해보면 웃긴 시절이었다. 신해철이 중학교 1학년이었을 때 그의 담임은 아무 이유 없이 그를 반장으로 지목하고 나갔다고 한다. 그후 그의 담임은 아이들이 떠든다는 이유로 신해철을 대걸레 자루로 열 몇 대를 때린 다음, 대걸레 자루를 넘겨주면서 "앞으로 우리 반이 통제가 안 될 때는 네가 다시 이걸로 맞을 테니까, 이걸로 애들을 때려라"라고 했다는 것이다. 졸지에 체벌권을 쥔 반장이 되어버린 신해철과 반 학생들의 관계는 '거의 반장과 학생의 관계가 아니라 담임과 학생의 관계'였다는 것이다.

신해철은 그 시절을 "소설 《우리들의 일그러진 영웅》의 엄석대와 한병태를 합친 캐릭터였다고 볼 수 있다"면서 "영화 〈말죽거리 잔혹사〉의 선도부보다 100배는 더 심했다"고 회상했다. 그럼에도 2학기 반장 선거에서 70표 전부를 얻어 다시 당선됐다. 독재적으로 굴었음에도 반 아이들은 그를 좋아했던 것이다.

"히틀러였다니까요.(웃음) 우리 반 애들은 저를 좋아했어요. 왜냐하면 제가 애들한테 강조한 게 '나는 너희들이 선생들한테 이리저리 끌려다니면서 맞는 게 싫다. 나한테 맞는 일은 있어도 우리 졸업할 때까지 선생들한테는 맞지 말자'는 이런 종류의 논리로 선동해서 애들을 장악했거든요. '한 학기 동안 너네는 나한테 수도 없이 맞았지만, 선생한테 맞은 사람은 없다'고 하니까 온 반이 일어나서 만세를 불렀죠."(웃음)

그런 그는 밴드를 꾸려나가면서 리더십에 대한 생각을 재고하게 된다.

"밴드로 전환되어서도 그 습성이 남아 있다가 서서히 리더십에 대한 것들을 밴드에서 교육받았어요. 강압적으로 이야기하는 것보다 자발적인 협조를 얻어내는 게 훨씬 빠르다는 걸 깨달은 거죠. '강압적인 협조로는 팀이 오래가지 못한다. 밴드라는 걸 하면서 어떻게 해야 내가 한번 장단을 놀 때, 저쪽은 두 번 놀게 만들 수 있는가?' 하는 생각을 하게 된 겁니다. 특히 무한궤도 때 리더십에 대한 방법을 많이 학습했는데요. 무한궤도 멤버들이 다 저하고 동창생이어서 강압적으로 한다고 될 분위기도 아니었을 뿐 아니라, 다들 프라이드도 대단히 센 멤버들이었으니까요. 장교 막사 안에서 전투를 지휘하는 것도 아니고, 일선에서 돌격하는 그 스타일의 리더십이 그때 형성된 것 같아요. 내가 제일 먼저 나서서 하지 않으면 다들 안 할 테니까."

그리고 아티스트를 우습게 여기는 당시 연예계 풍토에서 그는 밴드를 보호하기 위해 악역을 맡을 수밖에 없었다.

"콘서트가 진행되는 라이브 무대나 이런 데를 나가서는 완전 왈패로 변해서 제가 개처럼 싸움을 붙지 않고서는 일이 진행되지 않더라고요. 고등학교 때까지의 저를 기억하는 친구들과 얘기하면 제게 그런 모습이 있었다고들 얘기하긴 하는데요. 요즘에는 많이 바뀌어서 콘서트 업계나 이런 데서도 스탭들이 굉장히 헌신적으로 일을 하고 음악이 좋아서 일을 하지만, 10-20년 전에는 무대 위에서 아티스트가 간곡히 스탭의 도움을 요청하는데 주머니에 손을 넣고 어슬렁거리는 그런 풍토였거든요. 하기 싫은 노가다 하는 수 없이 한다는 풍토여서 무대 위에서 마이크 잡고서 '야, 이 개새끼들아, 안 하려면 다 때려쳐'라고 소리치기도 했고요.

자기 관객한테 무대 위에서 욕하고 마이크 집어 던진 것은 저밖에 없지 않을까요? 〈날아라 병아리〉를 부르고 있는데, 앞에서 타이밍을 못 맞추고 '오빠' '워워' 하면서 방송국에서 내는 소리를 계속 내는 거예요. 다들 조용히 듣고 있는데, 그래서 무대에서 마이크 집어 던지고 '넌 방송국으로 꺼져'라면서 백스테이지에서 연출팀 불러서 '아까 소리 질렀던 애 찾아내 환불해서 내보내라. 안 그러면 나 안 나간다'고 했죠. 그러니 사람들이 볼 때 얼마나 성격이 나빠 보였겠어요.(웃음) 그런데 솔로할 때는 안 그런단 말이죠. 그게 특이한 건데, 팀을 하게 되면 팀의 리더로서 왈패짓을 하지 않으면 팀을 보호할 수가 없으니까요."

그는 모든 구성원이 각자의 역할을 가지고 모두 발언권을 가진 민주적인 밴드를 지향했지만, 밴드에 대한 그의 통제력이 강하면 강할수록 역할이 커지면 커질수록 사람들이 더 좋은 음악적 평가를 내리는 모순에 직면했다.

"히스토리를 꿰고 있는 팬들은 '차라리 독재를 해. 그럴 때가 제일 나았어'라고 얘기를 하거든요. 멤버 구성원이 다 갖춰져 있지 않아서 독재를 했던 때가 있었고, 팀워크가 와해되는 바람에 혼자서 끌고가야 하는 상황이 있었어요. 예를 들면 넥스트 2집 《The Return Of N.EX.T PART 1-The Being》 같은 경우에는 멤버 구성원들이 혼란을 일으켜서 거의 솔로 앨범이나 마찬가지로 끌고가야 하는 시절이었고요. 4집 《Lazenca-A Space Rock Opera》는 팀워크가 붕괴되서 저 혼자 싸워야 하는 그런 상황에 몰렸는데, 넥스트 히스토리에서 그 앨범들이 가장 평이 좋아요. 오히려 민주적으로 가려고 했던, 넥스트 3집이나 《THEATRE WITTGENSTEIN: Part 1-A MAN'S LIFE》나 5집 《The Return of N.EX.T Part Ⅲ-개한민국》 같은 경우는 평가가 좀 떨어지거든요."

나중에 그는 체벌반대론자가 되어 〈100분 토론〉에 패널로 출연한다.

3부

내가 기억하고 추억하는 상월초에 대한 이야기

고마워요, 잘 계시길, 나의 영웅

만나는 사람마다, 혹은 인연이 있는 사람에게 문자 등으로 신해철에 대한 기억을 한 자락 내어달라고 부탁했다. 처음에는 호기롭게 많은 사람에게 부탁하고 답을 듣겠다고 계획했지만, 그것이 생각보다 어려운 일임을 곧 깨달았다. 유명하고 바쁜 분들에게 '시간을 좀 내어 신해철에 관한 얘기를 해달라'고 하는 것은 어찌 보면 무리한 요구였다. 그래도 그에 대한 기억을 내어준 분들이 있었고, 그 가운데 의미 있는 것들을 골라 여기 싣는다.

여전히 뜨거운 마음으로 당신을 기억하고 추억하는 이들이 많으니, 부디 그곳에서도 잘 계시길!

임이준_방이동 라디오헤드 펍 대표

당신의 멘트가 내 가슴을 한 번씩 뻥 뚫어주고, 당신의 음악이 내 외로움을 달래주고, 울분을 달래주던 시절이 있었다. 참 고마웠다. 질풍노도의 시기에 당신의 음악이 있어 내가 위로를 많이 받았고, 당신의 사이다 같은 멘트가 내 울분을 대신 풀어주었다. 당신은 기억하지 못하지만, 당신의 공연 후에 마셨던 한 잔 술이 너무나 행복했던 사람으로서, 너무나 고맙게 생각한다. 내 아픈 시절에 당신의 음악이 함께했고, 내 추억에 늘 당신의 음악이 함께했으며, 내 미래에도 당신의 음악이 함께할 것이다. 나의 뮤지션에게 진심으로 고마움을 표한다. "안녕 신해철, 그 세상에서 편안하길, 많은 사람의 영혼을 어루만졌으니 당신도 그곳에서 편안하길."

윤태호_만화가

한두어 번 같이 술을 마셔봤습니다. 신해철님 차를 타고 이동해서 술을 마신 적이 있습니다. 흔히들 예술은 굉장히 창의적이어서 신이 내려와야 그분을 영접해야 예술을 할 수 있을 거라고 생각하는 사람들에게 그것도 있지만, 어마어마한 지적인 깊이 역시도 예술가에게는 오른쪽 주머니 왼쪽 주머니처럼 매우 필요하다는 것을 스스로 증명하신 분 같아요. 그런데 직접 만났을 때 과시하거나 그런 것을 전혀 본 적이 없고요. 사람들 만났을 때는 정말 정말 이렇게 편한 사람이 있을까 싶게 해줬던 형이죠.

문하생 때 한때 몰두해서 신해철의 음악을 들었던 적이 있어요. 그리고 라디오 방송도 꽤 들었고요. 흔히들 그분의 괴짜스러운 것들에 대해서 많이 이야기하는데요. 사실 괴짜가 괴짜연하는 것은 쉬운 일이거든요. 해오던 일이니까. 그분은 괴짜라서가 아니라, 그만큼 의식화가 되어있어서 그런 일들을 한 것 같아요. '이게 필요하고, 이런 선을 우리 사회가 넘어야 해, 경험해야 해' 하는 생각을 분명하게 하신 것 같고요. 그런 생각을 가지고 활동을 굉장히 용감하게 한 것 같습니다. 만나서 깊이 있는 얘기는 안 했던 것 같아요. 스타크래프트 얘기하고.(웃음)

곽동수_교육인

신해철과 처음 만난 건 국내 최초의 아티스트 CD롬을 만들었을 때입니다. 음악과 섹스에만 관심 있다고 했던 그의 젊음을 저는 지금도 기억하거든요. 그런 그가 사회문제에 참여하는 변화를 보이고, 어른으로서 이 사회에서 감당해야 할 몫을 모른 척하지 않고 당당히 해나가는 모습을 보면서 쉽지 않은 일을 해나가는 게 고맙고 또 미안했습니다.

그런 일을 못 본 척하고 있는 게 확실한 이익이 되는 세상인데 … 안 먹어도 되는 욕 자청해서 먹어가면서 왜 굳이 나서냐고, 사석에서 궁금해서 물어본 적이 있어요. 그랬더니 예상대로

… 자신에게 묻는 사람도 많고 주변에 관심 없는 사람들이 내가 나서는 것만으로 관심 보이는 거 알고, 그래서 "웃기는 이야기지만 더 나은 세상 만드는 데 나도 뭐 하나 했다" 말하고 싶어서 그랬다고 … 이야기하더라고요.

특A급 아티스트가 자신의 이야기를 꺼내서 하고 화살 맞아가면서 계속 이야기하는 거 … 그 진심이 지금까지 남아 있기에 … 그의 설렁설렁 부르는 노래에도 불구하고, 저는 그가 만든 《脫傷-노무현을 위한 레퀴엠》 앨범을 베스트로 꼽습니다.

서민 _ 기생충학 교수

신해철 콘서트에 간 적이 있다. 엄청난 카리스마와 유머로 좌중을 사로잡았다. 물론 노래도 잘했다. 엔터테이너로서 그는 당대 최고였다. 그가 이 분야에만 매진했다면 내가 그렇게까지 그를 좋아하지 않았을지도 모른다. 하지만 신해철은 자신의 명성을 사회정의를 위해 아낌없이 썼고, 그로 인해 손해를 보는 것도 기꺼이 감수했다. 외국과 달리 우리나라는 이런 사람이 드물다. 그런 면에서 신해철은 우리나라에 드문 보석 같은 존재였다. 촛불 정국을 비롯해 정의로운 목소리가 필요할 때마다 그의 목소리가 그리웠다. 젠장 그는 너무 빨리 갔다.

김진혁 _ 전 EBS 피디, 한예종 영상원 교수

위로를 해주는 사람이었다고 기억해요. 누구나 느끼는 외로움을 괜찮다고 나도 그렇다고 얘기해주는 사람. 하지만 그게 단지 현실을 외면하라는 속삭임이 아니라 현실을 인정하면서도 그 안에서 희망을 찾는 방식이라서, 미봉책이 아니라 현실과 맞닿아 울림이 컸어요. 세상에 대한 호기심이 많고 좋은 면을 찾으려 했던 사람이기에 부조리에 대한 분노조차도 차갑지 않고 따스했던 사람 … .

이종우 _ 팟캐스트 〈이이제이〉 진행자

신해철에 대한 첫 기억은 누구나 그렇겠지만 대학가요제였다. 무한궤도의 〈그대에게〉는 가요만 듣다가 해외음악에 처음 관심을 가지기 시작한 즈음의 초등학생이던 내게 충격 그 자체였다. 내가 트로트나 발라드만 접했고, 기라성같은 국내 록음악 밴드들에 대해서는 잘 모르던 시골 초등학생이었기 때문이다. 처음 신해철의 솔로 음악을 접한 것은 〈슬픈 표정 하지 말아요〉였다. 음악에 대한 것이야 개인적 감상이니 차치하고, 이 곡에 대한 기억은 신해철이 출연한 광고였던 삼화고무의 '타이거' 광고다. 〈슬픈 표정 하지 말아요〉를 배경으로 나오던 그의 "슬픈 표정 하지 마. 타이거가 있잖아"라는 멘트. 지금은 손발이 오그라

들지만, 그때 신해철을 텔레비전에서 볼 수 있다는 것은 큰 기쁨이었다.

그리고 신해철의 《Myself》 앨범이 나왔다. 〈재즈 카페〉, 〈나에게 쓰는 편지〉, 〈내 마음 깊은 곳의 너〉 등 신해철의 대표적인 곡들이 들어있는 그 앨범을 나는 누군가에게 빌려서 공테이프에 녹음해서 들었다. 지금으로 치면 저작권 위반이겠지만…. 그리고 〈안녕〉을 듣고서 '신해철의 영어 발음이 참 좋다'는 생각을 했다. 그리고 그 환상은 나중에 많이 깨졌다.

그때 나는 공테이프를 사서 라디오에서 나오는 음악을 녹음하고, 음반 가게에 공테이프를 맡겨서 나만의 베스트 앨범을 만드는 청소년이 되어있었다. 그때 내 친구가 되어준 라디오 프로그램은 〈밤의 디스크 쇼 신해철입니다〉였다. 당시 나는 한국 가수 가운데 이문세와 변진섭을 가장 좋아했는데, 이문세가 진행하는 〈별이 빛나는 밤에〉를 들을 수 없었다. MBC 라디오 FM 91.9MHz를 들을 수 없는 비수도권에 살았기 때문이다. 이때 〈밤의 디스크 쇼 신해철입니다〉는 음악에 대한 정보와 청취 욕구를 채워주던 최고의 친구였다.

그리고 고1 때 시골에서 시내의 고등학교까지 통학하기 위해서 같은 학교 통학생들과 봉고차를 빌려 타고 다닌 적이 있다. 봉고차에서는 기사님이 좋아하는 "뽕짝"이 늘 흘러나왔다. 그런데 한 통학생이 자신이 가지고 있던 신해철의 라이브 테이프를 틀어달라고 했고, 한동안 이 음악과 뽕짝을 돌아가면서 들었던 웃지 못할 해프닝도 있었다.

그후 신해철이 N.EX.T와 비트겐슈타인, 노맨스 등의 그룹 활동을 하면서 나는 그를 멀리하기 시작했다. 신해철의 음악이 아니더라도 훨씬 더 마음에 드는 팝과 록음악을 많이 듣고 있었고, 그의 음악이 난해하게 느껴졌기 때문이다. 그러면서 자연히 신해철의 라디오 프로그램도 조금 멀리했다. 지금 생각하면 음악을 듣는 취향만큼은 트렌드를 따라가지 못하고 확 늙어버린 느낌이랄까?(단, N.EX.T의 기타리스트 김세황의 기타 연주만큼은 정말 마음에 들었다. 그동안 들었던 대중음악의 기타와는 다른, 정말 제대로 기타를 친다는 느낌이었다. 그리고 김세황의 기타 연주를 들은 것이 신중현, 신대철, 김도균, 김태원 등의 기타 연주가 다시 들리기 시작하는 계기가 되었다.)

다시 신해철을 가까이하기 시작한 것은 그의 정치적 행보를 알게 된 이후였다. 나는 여당의 군소 후보였고, 대통령이 되어서도 욕설과 조리돌림의 대상이었던 노무현을 지지했다. 이런 내게 신해철의 지지는 정말 큰 위안이었다. 또한 사회문제에 대한 신해철의 직설적 발언은 카타르시스를 느끼게 해주었다. 그러나 1990년대 초반 신해철을 좋아했을 때만큼 신해철을 좋아하지는 않았다. 신해철을 지지하고 인정하지만, 좋아하지는 않던 시절이라고 정리할 수 있을 것 같다.

그리고 신해철이 의료사고로 사망했다는 소식을 들었다. 놀라움과 황망함이 느껴졌다. 신해철의 음악을 어렵다는 이유로 멀리했고, 신해철의 발언을 지지했지만 그처럼 행동하지 못한 것에 대해 미안함이 밀려왔다. 지금 생각해보면 나는 신해철의 마니아는 아니었다. 그러나 신해철의 음악과 발언은 중요한 순간 내게 용기를 준 존재였다. 마니아가 아니었던 것이 미안할 정도로 … .

조성환_가수 육각수

우리나라에 '노래방'이라는 곳의 인기가 급상승하던 1991년(동네마다 노래방이 하나둘 생길 때였습니다), 제가 고등학교 2학년 때로 기억하는데요. 신해철 선배님의 〈내 마음 깊은 곳에 너〉라는 노래를 우연히 듣고서 그후로 주구장창? 아니 주야장천~ 고삐리 신분으로 상당히 자주~ 노래방에 가서 그 노래만 연습했던 기억이 납니다.

말이 노래연습이지, 노래가 너무 좋아서 스스로의 감정에 빠져들었던 제겐 소중한 추억이 있습니다. 신해철 선배님의 저음과 고음의 음역대는 제겐 항상 부러움의 대상이었고, 논리 있는 말솜씨와 박식한 지식은 또 언제나! 저를 감동시켰으며, 곡 창작도 당연히 … 말이 필요 없겠죠? 진정한 음악철학자 신해철 … 제가 능력은 없지만, 조금만이라도 닮고 싶었던 선배님이셨습니다!

한윤형 _ 작가, 논객

1983년생인 나는 또래에 비해 대중음악을 즐기지 않았던 편에 속한다. 그래서 대부분의 노래는 중고등학교 시절이던 1990년대에 친구들이 부르는 버전으로 노래방에서 배웠다. 그래도 신해철의 경우는 특이한 부분이 있었는데, 애니메이션에 관심이 있는 친구들과 교류하던 당시 기대하던 국산 애니메이션 〈영혼기병 라젠카〉를 보게 되었기 때문이다. 결과적으로 애니메이션은 초기의 기대에 미치지 못했지만 〈Lazenca, Save Us〉와 〈해에게서 소년에게〉는 남았다. 그러자 친구들은 신해철의 넥스트는 이번 4집보다는 그 앞선 앨범들이 낫다고 말해주었다.

그후 노래방에서 〈날아라 병아리〉도 인상 깊게 들었다. 일종의 사소한 에피소드로부터 시작해서 죽음을 말하는 방식이 마음에 들었다. 신해철 특유의 살짝 폼잡는 가사가 고1 학생에게는 잘 와닿았달까. 목소리가 중후한 친구들은 꼭 노래방에서 신해철 노래를 부르는 경우들이 있어 〈Here, I Stand For You〉, 〈힘겨워하는 연인들을 위하여〉 등을 들었다. 〈일상으로의 초대〉는 선배나 친구들 집에 놀러 갔을 때 전축으로 들었던 것 같다.

고3 때는 잠깐 논술을 배웠는데, 10대 후반인 나보다 십수 년 연상이었던 30대 선생님과 노래방을 가니 그 사람은 넥스트 시절이 아닌 더 이전의 신해철 노래들을 불렀다. 무한궤도의 〈그대에게〉는 텔레비전에 나올 때 아버지도 알아봤다는 기억이 있다. 다만 아버지는 그후의 신해철 노래나 행보는 이해하거나 좋아하지 못했던 것 같다.

대학에 와서 그가 '비트겐슈타인'이란 그룹 이름으로 앨범을 냈을 때, 나는 그 앨범을 돈 주고 살 수 있었다. 앨범에 대해서는 엄청 좋아하지는 않았지만 대략 만족했다. 《Monocrom》 앨범에 수록된 〈니가 진짜로 원하는 게 머야〉가 신해철이 오래도록 자신이 영원히 천착했던 10대들에게 하고 싶었던 말이 아닌가 나는 생각한다. 이후에는 그의 발언들에 큰 관심을 기울이지 않았다. 그는 계속해서 10대에 천착하는 것으로 보였고, 나는 점점 더 10대를 벗어나고 있었기 때문이다.

신해철은 본인이 사회에 관심이 있다고 여기는 내 또래에게도 영향을 미쳤다. 나는 그 메시지들이 큰 의미가 있다고 보는 편은 아니었다. 내가 하는 소리들이 더 쓸모 있다고 여겼고, 다소 그를 우습게 봤다. 그러나 그렇게 보았기에 훗날 한때 그를 옹호할 수도 있었다. 2000년대 후반 그가 '하이스트'라는 학원 광고를 찍은 게 그의 소신과 다르다고 하여 비난의 대상이 됐다. 나는 신해철이 콕 집어 정치적 견해를 설파하거나 삶의 준칙을 제시한 사람이 아닌 이상, 그러한 것을 비일관성으로 말할 수는 없다고 보았다. 그가 청소년들을 위로하면서 했던 말들로 그를 공격해서는 안 된다고 말했다. 그의 언어가 대단한 메시지가 아니라고 보았던 만큼, 그걸로 그를 비난할 수도 없다고 생각했다.

그래도 나는 그의 재담을 좋아했다. 기자로 취재를 하면서 그를 가장 가까이서 보는 상황이 생겼다. 2013년인가 있었던 바른음원협동조합의 창립 행사였는데, 그는 "신대철 형이 좋은 일을 하고 다니면 얼마나 좋습니까. 나는 가만히 있어도 그걸 내가 하는 줄로 오해하는 사람이 막 생깁니다"라면서 사람들을 웃기다가, "통신사는 가수들의 몫을 많이 가져갔으니, 제발 세상을 떠난 친구들 벨소리는 더이상 서비스 안 되도록 해주십시오"라면서 사람들을 숙연케 했다.

안타깝게도 그로부터 얼마 지나지 않아 그의 부고 소식을 접하게 됐다. 우리와 같이 늙어갈 거라고 믿었던 사람의 때 이른 죽음이었다. 다소 놀랐던 건 나보다 어린 친구들, 80년대 후반생들이 그에 대한 기억을 고백하는 장면이었다.

나는 그가 내 또래에서 마지막으로 소비된 위인인 줄 알았다. 그러나 생각해보면 '나는 더이상 10대가 아니지'라면서 그를 멀리하기 시작한 이후에도, 그는 〈고스트 스테이션〉 같은 라디오 방송에서 쉼 없이 10대들의 감수성을 대변하고 있었다.

소년들 모두 한때 지나쳐왔던, 다소 유치하고 다소 멋진 것을 구별하기 어려워하고 쉬이 섞는 그 감수성을 말이다. 우리는 그런 신해철을 사랑했고, 그러한 나를 사랑했더랬다. 너무 일찍 가버렸기 때문에, 이르게 추모를 하게 됐다는 게 너무 안타깝다. 나는 수십 년 정도 그를 더 우습게 여겨도 됐을 텐데 말이다.

백승우_영화감독

신해철은 '스타'였다. 그의 음악뿐만 아니라 정치, 사회, 문화에 관한 해박한 의견은 많은 부분 우리의 생각을 대변하고 있었다. 그런 '스타'가 그 이전에 있었나 하는 생각이 든다. 훌륭한 음악가였으며, 동시에 그는 '스타'였다. 하지만 그를 생각할 때면 뭔가 미진함이 파고든다. 그건 우리에게서 그를 빼앗아간 '의료사고' 때문일 것이다. 사후 몇 년이 흘렀건만 여전히 우리 사회에서 의료사고는 대처하기 힘든 영역으로 남아 있다.

손병휘_가수

《박노해 노동의 새벽-A Tribute to the 20th Anniversary》에 제가 참여했었죠. 저는 그때 박노해 시, 이원경 작곡의 〈사랑〉(1993년 조국과 청춘 2집 앨범에 수록됐던)을 리메이크했는데, 녹음은 당시 넥스트의 연습실이자 스튜디오에서 했어요. 서래마을 입구에 있었죠. 웬일인지 제 목소리가 걸걸해져서 걱정하면서 녹음을 마쳤는데, 신해철 씨는 오히려 맑은 목소리가 나올까 걱정했다면서 만족하더군요. 그후 제가 일본을 다녀온 다음에 나머지 연주를 마무리하려고 했는데, 막상 다녀오니 해철 씨가 건반 더빙으로 처리해놓았더군요. 음악에 대한 고집이 강하다는 인상을 받았습니다.^^

2002년 대선을 앞두고 인터넷 노무현 라디오를 진행했었어요. 저와 이정열(뮤지컬 배우)이 진행하던 프로그램 앞에 해철 씨의 프로그램이 있었는데, 우리도 그랬지만 그도 원고 없이 게시판으로 청취자들과 소통하면서 방송을 진행했습니다. 그때 사실상 처음으로 서로를 인식하지 않았나 싶습니다. 그해 대선은 최초의 인터넷 선거였고, 인터넷 방송도 그후에 활성화되었습니다.

익명을 원한 30년지기 팬

'신해철'이란 이름을 한 번도 들어보지 않은 사람은 드물 것이라 생각한다. 신해철 본인의 말로도 '개인의 곡이 아닌 대중의 곡'이 되어버린 〈그대에게〉가 있고, 어떤 이슈로든 신해철을 접해보지 않은 사람은 드물 테니까.

하지만 많은 사람이 신해철을 어떻게 기억할까? 라디오에서 특이하게 때로는 편하게 방송하던 마왕? 록밴드 넥스트의 리더? 노무현 전 대통령 추모공연에서 노래하던 사회참여 연예인? 대중은 수많은 키워드로 신해철을 기억하고 있다. 그렇기에 그의 죽음 앞에 사회현상이라고 불릴 만큼의 팬들이 몰려 추모하고 눈물을 흘렸겠지.

오랜 팬으로서 내 이름과 동급으로 '신해철 팬'이라고도 불렸던 내게 지인들은 늘 물어본다. "안 무서워? 왠지 무서울 것 같아" "평상시에도 말이나 행동이 그래?" "너도 참 간 크다. 나는 그 사람 앞에서 말 한마디도 못 할 것 같은데", 나뿐 아니라 신해철을 좋아하는 사람들 대부분이 이런 말을 한 번씩은 듣지 않았을까. 하지만 오랜 팬들이 아는 신해철의 모습은 조금 다르다. 무대 위 신해철은 태산 같은 사람이었고, 사회문제에 거리낌 없이 나서는 모습은 날카로웠지만 팬들에게는 세상에서 둘도 없을 만큼 다정하고 따스한 사람이었다. 그리고 음악을 자세히 들어보면, 세상과 사람에 대한 따스한 마음으로 가득 찬 사람이었다. 사회문제를 이야기하지만, 사람들에게는 늘 위로를 건네던 사람이었다.

신해철은 어떤 가수나 어떤 아이돌보다 팬들에게 진심으로 다가오던 사람이었고, 팬들의 처우에 신경을 쓰고 예민하게 살펴준 사람이었다. 실제 이야기를 들으면 무서워하던 사람도 놀랄 만큼. 가장 기억에 남는 것은 장충체육관에서 열린 콘서트에서 보여준 대처였다. 지정좌석제가 익숙해질 즈음이었으나, 그 콘서트는 선착순이었고 새벽부터 기다리는 팬들이 많았다. 그러다 공연기획사의 불합리한 커뮤니케이션에 입장 대기 중이던 팬들이 술렁거리며 협의를 요구할 때, 소속사 측에서 가이드가 내려왔다. "신해철 씨의 직접적인 지시다. 팬들이 말하는 대로 해주고 물러서라." 직접적인 가이드에 공연은 무리 없이 시작했고 마무리되었다. 하지만 가장 큰 감동은 그게 아니었다. 팬들은 그 말 하나로 마음이 다 풀렸으나, 오빠는 그날 밤 라디오 방송에서 직접 "공연 진행에 문제가 있었다고 들었다. 정리는 되었다고 알지만 불합리했던 상황을 겪은 사람들은 내게 메일을 보내달라. 직접 읽을 거고 다시는 반복되지 않게 하겠다"고 말하며 사과했다. 이처럼 본인의 체면이나 자존심보다 팬들의 상황이 늘 먼저였던 사람이었다.

소소한 기억은 셀 수 없이 많다. 콘서트 시작이 몇 시간씩 연기되는 것이 당연했던 90년도에도 팬들을 기다리게 할 수 없다며 '넥스트 공연은 정시에 시작한다'는 기준을 세워 실행했고, 넥스트의 공연에서는 단 한 번도 경호팀에게 폭력적인 말이나 행동을 겪어본 적이 없었다. 팬들에게 하는 무례한 언사를 용납하지 않았기 때문에, 그리고 늘 '팬들은 공연의 두 번째 주체'라며 걸맞은 대우를 해주던 사람이었다. 팬들이 방송국 방청을 가면 가끔 겪게 되는 강압적인 방송국의 행동에는 멀리서 바라보고 있다가 "우리 애들에게 문제 있어요?"라며 직접 말하던 사람이었다.

그것뿐일까. 오랜 팬의 결혼식에 직접 와서 축가를 불러주고 진심으로 축하해주던 사람, 그때도 결혼식에 피해가 갈까 대기실에 있다가 축가만 불러주고 가던 사람이었다. 암 투병을 하는 팬에게는 직접 편지를 건네며 "별거 아냐"라던 사람. 지방 공연이 밤늦게 끝나니 서울로 돌아갈 팬들의 귀가 걱정에 밴드가 타는 버스에 태워서 올라오던 사람, 록 페스티벌에서 미는 사람들 때문에 팬들이 힘들어하면 유일하게 공연을 멈추고 질서 지키라며, 다친다고 무대 위에서 정리해주던 사람. 무대 위에서 〈민물장어의 꿈〉을 부를 때, 팬들이 올라오는 감정으로 울기 시작하면 늘 안아주며 위로해주던 사람이었다.

팬들에게만 따스했을까. 고스에서 "일방적인 소통이 아니다"라며 "창밖을 바라보고 방의 불을 껐다 켜보자"라고도 했었다. 혼자 외롭게 듣는 방송이 아니라 옆에 다른 사람이 있음을 건너 아파트마다 깜박거리는 불빛을 보며 직접으로 느낄 수 있게 해준 사람이기도 했다.

서태지처럼 화려한 포트폴리오와 언론의 주목을 활동 내내 받은 사람도 아니었고, 사회적 이슈에 굴복하지 않은 사람이라 이런저런 미움도 참 많이 받았다. 그런 시간들 때문에 현 3040의 마음을 어루만지고 위로를 건네며 함께 걸어가던 뮤지션 신해철의 모습이 생각처럼 크게 다가오지 않을 수도 있다. 하지만 공연장에서 그를 만나온 오랜 팬들은 마왕이기 이전에 사람을, 팬들을 가장 사랑하고 함께 생각하고 함께 걷던 "오빠" 또는 "형"으로 평생 그를 기억할 것이다.

김마스타_뮤지션

2003년 12월 31일 당시 MBC였는지 SBS였는지는 가물가물하지만, 그보다 며칠 전에 걸려온 작가와의 통화로 첫 방송이 잡혔고, 그날 당시 같은 그룹이었던 선글라스 멤버와 모두 처음으로 신해철을 만났을 때는 딱 연예인 구경까지만이었습니다.

누구나 그럴 법한 전화번호 투척으로 아, 네 … 이 정도까지였던 그날 이후 일주일 뒤 자정 즈음에 011로 시작되는 그의 번호로 전화가 왔고, 차를 보낼 테니 방배동 작업실로 놀러 오라는 게 첫 전화통화였어요. 나중에 알았는데 음악 하는 많은 후배가 그렇게 그와 처음 인연을 맺고는 했답니다. 그 인연이 길어지거나 짧아지는 건 그후의 개별적 운명이겠습니다만, 그후로도 두어 번 밤나들이를 가게 되었는데 그룹에서 나와서 솔로 활동을 하는 시점부터는 뜸해졌어요. 그렇게 한두 해가 지났을 즈음 타 가수의 세션으로 방송국에 들렀다가 개찰구같이 생긴 입구에서 다시 만났고 번호가 바뀌었던 당시라 욕바가지를 이마에 처억 쓰게 되었습니다. 다음 주 월요일 저녁에 모처로 와서 보자는 말과 함께.

그리고 그날이 라디오가 아닌 텔레비전 첫 출연날이었습니다. 그리고 반십 년 방송국을 들락거리게 되는 첫발이 되었는데, 그후로 빈번히 만나면서도 크게 사는 이야기나 음악적인 이야기보다는 그날그날의 일들이 주로 대화의 부스러기가 되어 10여 년을 보내게 됩니다. 해철 형이 하는 라디오나 텔레비전 쇼에 게스트로서 오랜 시간을 보냈지만, 초창기에 형의 친구인 이고시스의 창수 형(넥스트 첫 기타리스트이자 국내 최강 음향기기 회사 대표)과의 전화에서(이 친구한테 모니터 스피커랑 오디오카드랑 등등 좀 챙겨서 보내주라는 부탁이었는데, 그 부탁은 결국 오랜 시간이 지나서 이뤄지게 됩니다) 본 형의 모습이 인상적이었습니다.

방송 생활 중에 친구들과의 인터넷 방송 〈두부세모〉를 시작했을 때, 한참 소소한 재미로 만들던 일개 쇼에 단박에 출연해 준 기억이 또 하나의 예상 밖의 기억으로 자리 잡고 있고요. 초창기에 비싼 클럽에서 양주 서너 병을 혼자 까고 나서는, 그후로는 그냥 주로 식당에서 형과 밥 먹고 수다 떨고 했습니다. 작업실에서 팬들이 보내준 양주들을 제가 가끔 대타로 즐기는 일들이 있긴 했었습니다.

데뷔 초기에 김태욱 형의 〈담백하라〉 뮤비에 이한철 형의 소개로 참여하고 나서, 실제 방송 활동을 잠시 같이할 때도 자주 방송국에서 만났는데, 늘 대기실에서 그 좋아하던 말보로 라이트(보통 매니저가 두 보루씩은 가방에 넣고 다녔지요)를 같이 피면서 아이돌 가수들을 구경하고는 했고, 당시 넥스트 멤버들과 제가 가져간 부루마블도 한판했던 거 같습니다. 이런 게 거의 일상이었어요. 형이 의료사고가 나기 얼마 전에 마지막으로 분당에서 봤는데, 신보 아카펠라 곡을 보여주면서 이걸로 다시 시작한다고 했었는데, 그때 아는 형이 인터뷰를 부탁해서 같이 앉아있던 날이 마지막이 되었습니다. 그날 만나자마자 매니저에게 앞 건물에 홍어 잘한다고 대짜로 시키고, 당시에 막걸리 주로 하던 때에 수북하게 사 와서 혼자 다 털고 돌아왔던 게 그날이 되어버렸습니다.

처음 본 날부터 이상하게 같은 동향(대구)이라고 그랬는지, 소속사 작가들보다 제가 좀 더 재미가 있었는지, 형이 하는 일에 늘 같이 가자고 했던 게 혈혈단신 서울로 와 아는 사람 없던 제게는 지금 와서는 친형보다 더 형 같았던 것. 그것이 제게 남은 그 형의 모습입니다.

곽노현_전 교육감

한 번도 못 봤어요. 교육에 관한 얘기를 노래로 많이 만들었고, 선구자적인 면이 있다는 정도의 느낌만 가지고 있습니다. 체벌 금지에 관련된 토론에 참석했었다는 정도를 알고 있고요. 특별히 좋아하는 노래는 없습니다. 왜 노래를 안 들었을까요? 글쎄, 특별히 생각한 적이 없어서요. 아무튼 선구자였던 것은 틀림없는 것 같습니다.

박기태_변호사

신해철과 나(1)-〈해에게서 소년에게〉

1. 82년생인 내게 신해철은 큰 존재가 아니었다. 라디오에서 저음의 목소리로 이야기를 하는 이상한 아저씨, 거꾸로 들으면 '내가 얄리를 죽였어'라는 말이 나온다는 소문이 돌던 〈날아라 병아리〉를 만든 사람 정도로 기억했다. 나의 영웅들은 잼과 노이즈, 그다음에는 서태지와 듀스, 그다음에는 H.O.T.였다.

2. 90년대 중반 다가올 IMF를 무의식적으로 깨닫기라도 한 듯, 사회는 이상할 정도로 자신감에 넘쳐 있었다. 너도나도 이

스트팩이나 잔스포츠 가방에 태극기 딱지를 붙여 메고 다녔고, 일본제 펜을 쓰면 친구들에게 손가락질을 받기도 했다. 세상에서 가장 반항적일 것 같은 기세로 욕설을 뱉어내는 아이돌의 곡 이름이 〈애국심〉이던 때였다. 그리고 '우리 기술로 만든 로봇 애니메이션'이 나온다는 이야기가 연일 뉴스를 장식했고, 중학교 3학년이던 나와 내 찌질한 오타쿠 친구들은 그 애니메이션 〈영혼기병 라젠카〉의 모든 것들을 스크랩하고 손꼽아 기다렸다.

3. 〈영혼기병 라젠카〉의 OST를 신해철이, 정확히는 신해철의 밴드였던 넥스트가 맡았다는 이야기를 듣고 출시 날을 기다려 앨범을 샀다. 연주곡이던 첫 곡, 좋은 줄은 몰라도 음향이나 사운드가 지금까지 내가 들었던 음악들과는 다르다는 생각을 했다. 좀 너무 시끄러운 것은 아닐까, 싶었지만 귀를 잡아끄는 것이 있었다. 솔직히 〈영혼기병 라젠카〉에 대한 의무감 때문에 일부러 들었던 것도 있는 것 같다. 그렇게 몇 번을 들은 뒤, 나는 넥스트의 다른 앨범을 사러 모아둔 용돈 전부를 들고 음반 가게로 갔다.

4. 막상 〈영혼기병 라젠카〉가 어땠는지는 전혀 기억나지 않는다. 기억나는 것은 오직 넥스트의 노래뿐이다. 싸움 잘하는 친구들에게 주눅 들고, 부모님에게 혼이 나고, 공부는 하기 싫은데 막연히 삼국지의 영웅들이나 나폴레옹을 동경하던 아이에게 새로운 영웅이 생긴 것이다.

> 보자기를 하나 목에 메고 골목을 뛰며 슈퍼맨이 되던 그때와
> 책상과 필통 안에 붙은 머리 긴 록스타와 위인들의 사진들
> 〈The Hero〉 중에서

5. 넥스트의 앨범을 모두 사 모으고 테이프가 늘어날 때까지 들은 뒤 다시 테이프를 사서 그 테이프까지 늘어난 뒤에는, 차라리 이게 쌀 것 같아서 CD를 사서 수도 없이 들었다. 뒤늦게 신해철을 알게 된 사춘기 중학생의 모든 시간에 그의 노래가 있었다. 오락실 갔다가 어머니에게 들킬까 황급히 달려가던 시간에도, 좋아하던 아이에게 쓰던 편지 한구석에도, 공부는 안 하고 낙서만 끄적이던 노트의 앞장에도, 신해철과 넥스트의 노래 가사가 있었다.

> 너의 꿈을 비웃는 자는 애써 상대하지 마
> 변명하려 입을 열지 마, 그저 웃어 버리는 거야
> 〈해에게서 소년에게〉 중에서

6. 그렇게, 신(해)철에게서, 소년에게, 음악이, 메시지가, 그리고 마음이, 왔다.

신해철과 나(2)-〈Here, I Stand For You〉

1. 중학교 3학년 겨울 이미 고등학교에 합격해 딱히 공부할 의지도 없이 독서실을 다니던 때, 독서실에 앉아 워크맨에 걸어

둔 음악을 들으며 만화책만 보던 때, 넥스트의 앨범들만 사기에도 용돈이 모자랐다. 오락실을 줄이고 만화책도 친구들이 빌려온 것만 봐도 마찬가지였다. 1집에서 4집은 다 샀는데, 문제는 '넥스트 싱글'이었다. 싱글이라는 개념을 나도 음반 가게 주인도 잘 모르던 시절이라, 〈Here, I Stand For You〉와 〈아리랑〉 두 곡만 들어있는 테이프를 다른 테이프와 비슷한 가격에 팔았다. 그러다 보니 다른 앨범에 비해 순번이 좀 밀렸다. 그렇지만 엄청난 명곡이라는 소리에 꼭 듣고 싶었는데, 비슷한 이유로 다른 아이들도 테이프를 가지고 있지 않아서 복사도 할 수가 없었다. 너무 듣고 싶었고, 너무 가지고 싶었다.

2. 독서실에서 가깝던 일산 마두역 이마트, 아마 3층에 있었던 것 같은 음반 가게에서 넥스트 싱글을 만지작거리다, 그냥 코트 주머니에 집어넣었다. 가슴이 두근거렸고 얼굴이 빨개졌다. 주인아저씨를 힐끔 보았는데, 아무것도 눈치채지 못한 것 같았다. 최대한 아무렇지 않은 척 나와서 계단으로 간 뒤에는 부리나케 뛰어 도망갔다. 독서실로 가서 노래를 들었는데, 장중한 시작과 'Promise … '라는 읊조림부터 닭살이 돋았다. 온종일 〈Here, I Stand For You〉를 반복해 듣던 때, 행복했는지 아니면 자책감에 시달렸는지는 잘 모르겠다.

3. 간이 커진 나는 다시 음반 가게로 향했다. 이번에는 신해철이 담당한 《정글 스토리》 OST 앨범을 '뽀려' 오는 것이 목표였다. 한참을 들여다보다 《정글 스토리》 OST 테이프를 코트 주머니에 넣었다. 주인아저씨를 보았는데 눈치채지 못한

것 같았다. 조심스럽게 밖으로 나가려는데 갑자기 뒤에서 누군가 코트 깃을 세게 움켜쥐었다. "야, 너 주머니 까봐", 음반가게 주인아저씨였다.

난 너를 알아볼 수 있어, 단 한 순간에
⟨Here, I Stand For You⟩ 중에서

4. "경찰서로 갈까, 부모님에게 이야기할까. 너네 집 전화번호 뭐야?" 처음으로 도둑질을 들킨 나는 이 상황을 어떻게 해결해야 할지 도무지 알 수가 없었다. "너 전에도 훔쳤지? 지난번에 보고 또 올 줄 알았어." 아저씨의 말은 귀로 지나갔고, 머릿속으로는 어떻게든 부모님에게 들키지 않고 해결할 방법이 무엇인지만 생각했다. "죄송해요, 진짜 이번이 두 번째에요. 다시는 안 그럴게요. 한 번만 용서해주세요." 무릎을 꿇고 빌자 눈물이 터져 나왔다. 얼마나 지났을까, 아저씨는 "반성문 써와, 어떻게 써오는지 보고 결정할 거야. 학생증 내놔"라고 말했다.

5. 반성문을 써오라는 순간 나는 마음속으로 쾌재를 불렀다. 나는 읽는 이의 심금을 울리는 반성문의 달인이었기 때문이다. 중학교 내내 반성문으로 위기를 모면해온 나는 내 반성문 작성법을 '변증법적 반성문론'으로 이미 체계화시켜 두었다. 정正-단지 듣고 싶은 음반을 들었을 뿐인데 내가 무엇을 잘못했나 싶었다 / 반反-그러나 걸려서 야단을 맞았다 / 합合-이 야단을

통해 내 생각이 잘못되었음을 깨달았고, 앞으로는 다시 이런 실수를 하지 않을 것이다. 내 잘못된 생각을 깨우쳐준 사장님께 감사드린다. 큰 도둑놈이 될지도 모르는 나를 막아주신 생명의 은인이다 운운 … . 이 변증법적 반성문은 읽는 이를 자연스럽게 몰입시켜 감동을 끌어내는 장점이 있었지만, 단점도 있었는데 바로 쓰는 내가 먼저 속아야 좋은 글을 쓸 수 있다는 점이었다.

6. 어두운 독서실에 앉아 반성문을 쓰는 두어 시간 동안 엄청나게 눈물을 흘렸다. 정말로 도둑놈이 된 것 같은 내 인생이 비참했고, 이렇게 적발해준 주인아저씨에게 감사했다. 다시는 도둑질을 하지 않겠다고 수십 번 다짐한 반성문에 눈물방울이 뚝뚝 떨어졌다. 글 중간에는 당연히 이렇게 썼다. '앞으로 저는 저를 지켜가겠습니다. 언젠가 만날 사장님을 위해.' 사장님은 눈이 퉁퉁 부어 나타난 내 반성문을 보고 본인도 눈가가 벌게졌고, 나는 거기서 다시 잘못을 빌고 다시는 도둑질하지 않겠다고 다짐했다. 그리고 나는 그후로, 누구의 물건도 도둑질하지 않았다.

7. 신해철은 나를 도둑질로 빠져들게 한 에덴동산의 사과였고, 마왕이었다. 그러나 내게 확고한 도덕적인 규준을 세우게 해준 교주였다. 일산 마두역 이마트 3층 음반 가게 주인아저씨와의 약속, 그후 내가 안 훔친 음반까지도 돈을 물어내기 위해 아이들의 그림을 그려주고, 깜지를 대신 써주고, 반성문을 대신 써준 헌신, 수많은 '뽀리'는 아이들 사이에서 굳이 적발된 운명,

그리고 신해철에 대한 나의 사랑. 나는 이 낱말들을 아직 믿는다. 영원히.

> 약속, 헌신, 운명, 영원 … 그리고 사랑
> 이 낱말들을 난 아직 믿습니다. 영원히
> 〈Here, I Stand For You〉 중에서

신해철과 나(3)-〈민물장어의 꿈〉

1. 넥스트를 시작으로 록음악을 듣게 되자 걷잡을 수가 없었다. 삶에 살짝 구멍이 난 느낌이었다. 마침 들어간 기숙사 고등학교에서 공부는 하지 않고 늘 음악을 들었고, 기타를 뚱땅거렸다. 목청을 높여 노래했다. 밴드를 하고 싶었지만 못생기고 뚱뚱한 아이를 보컬로 끼워주는 곳은 없었다. 그렇다고 기타나 베이스, 드럼에 목을 맬 만큼의 끈기도 없었다. 그냥 넥스트를, 너바나를, 메탈리카를 들으며 어설프게 기타 연습을 하는 아이만 있었다.

2. 가장 좋아하는 가수가 누구야? 하고 묻는다면, 신해철(또는 넥스트)라고 이야기하기는 좀, 쑥스러웠다. 스피드나 아무로 나미에 같은 일본 아이돌 가수들보다도 어쩐지 후진 느낌이 들었기 때문이다. 그래서 "역시 … 비틀스지"라거나, "건스 앤 로지스야"라고 대답하곤 했지만, 막상 가장 많이 듣는 음악은 신해철이었다. 낮에는 〈스멜스 라이크 틴 스피릿〉을 불렀지만 잠들 때는 은밀하게, 넥스트 2집을 워크맨에 넣곤 했다.

3. 고등학교 시절 내내, 그렇게 둥둥 떠 있는 느낌이었다. 음악을 제대로 하지도 못하고, 공부를 하지도 않았다. 시를 쓰고 소설을 썼지만 별 볼 일 없었고, 그림에는 약간 재주가 있었지만 전혀 흥미가 없었다. 종교에 빠져보기도 했고 하루에 다섯 번씩 자위를 하기도 했지만, 여전히 마음 둘 곳이 없었다. 늘상 재미가 없었고, 딱히 하고 싶은 것도 없었다. 내 하루는 수업 시간 동안 펜팔 친구 여자에게 편지를 쓰고, 자습 내내 음악을 들으며 졸다가, 기타를 좀 튕기고 글을 쓰다 그냥 다시 잠드는 일의 반복이었다. 나는, 쓰레기였다.

> 시궁창 속에 사는 구더기조차 자신의 때가 되면
> 허물을 벗고 하얀 날개를 달고 나비가 되어 세상을 내려보며 날아가는데
> 난 오늘 또 하루 그냥 먹고 살고 나는 쓰레기야
> 〈나는 쓰레기야〉 중에서

4. 밴드도 못 하고, 공부도 제대로 못 하는 아이는 당연히 수능을 망쳤다. 수능 채점을 하고 머리를 혼자 빡빡 민 뒤 기차를 타고 집으로 올라가던 길, 역에 있는 음반 가게에서 신해철의 신작을 샀다. 《Homemade Cookies & 99 Crom Live》. 굉장히 느끼한 신해철의 내레이션이 나오는 〈일상으로의 초대〉를 듣고 살짝 속이 거북했는데, 그다음에 〈민물 장어의 꿈〉이라는 노래가 나왔다. 노량진 재수학원으로 출퇴근을 하면서, 좁고 좁

은 대학으로 가는 문으로 가기 위해 스스로를 다잡으면서, 쉬지 말고 가자고 다짐하면서 늘 그 노래를 들었다. 노량진 오락실이 나를 유혹할 때마다, 사육신묘 앞에서 소주 한잔하자는 친구들이 부를 때마다, 책상 앞에 써둔 〈민물 장어의 꿈〉 가사를 바라보며 참고 공부를 했던 것 같다. 지금 생각해보면 '좁고 좁은 문'이 대학 입학이었다는 것이 부끄럽지만, 어쨌든 그랬다.

> 좁고 좁은 저 문으로 들어가는 길은
> 나를 깎고 잘라서 스스로 작아지는 것뿐
> 이젠 버릴 것조차 거의 남은 게 없는데
> 문득 거울을 보니 자존심 하나가 남았네
> 두고 온 고향 보고픈 얼굴 따뜻한 저녁과 웃음소리
> 고갤 흔들어 지워버리며 소리를 듣네
> 나를 부르는 쉬지 말고 가라 하는
> 저 강물이 모여드는 곳 성난 파도 아래 깊이
> 한 번만이라도 이를 수 있다면
> 나 언젠가 심장이 터질 때까지 흐느껴 울고 웃다가
> 긴 여행을 끝내리 미련 없이
> 〈민물장어의 꿈〉 중에서

신해철과 나(4)-〈70년대에 바침〉

1. 대학교에 가고 다른 새롭고 신선한 음악들, 좀 더 있어 보이는 음악들을 듣게 되면서 자연히 신해철의 음악과는 거리가

생겼다. 물론 비슷한 시기에 신해철의 음악 활동이 조금 뜸해지기도 했고, 또 2002년 대학교 새내기이던 내가 음악 외 다른 것에도 많은 관심이 생겼기 때문이기도 했다. 예컨대 연애(하지는 못했지만), 술자리, 배낭여행, 2002년 월드컵, 무엇보다 선거, 대선이 있었기 때문이다.

2. 2002년 월드컵에서 믿어지지 않는 결과를 보고, 이스트팩 가방에 태극기 딱지를 붙였던 아이들은 굉장한 자신감과 희망을 가지게 되었던 것 같다. 지금 생각하면 '꿈☆은 이루어진다'라는 매스게임을 했던 4강전에서 졌다는 점이 의미심장한 것도 같지만, 어쨌든 원하고 노력한다면 그 무엇이든 바뀔 것 같았다. 세상이, 어떤 의미에서는 단순해 보였다. 그리고 거짓말처럼, 꿈처럼, 한 정치인이 나타났다.

3. 그 정치인을 지지했던, 그와 함께 호흡했던, 그를 통해 꿈을 꾸었던 시기를 나는 감히 '내 인생의 봄'이라 칭하곤 한다. 그 모든 과정이 봄날의 꽃길처럼 아름답고 희망찼기 때문이다. 거짓말 같던 월드컵의 열기는 자연스럽게 거리로 나서 시위의 열기로 이어졌고, 개혁국민정당과 노사모의 열기로 이어졌다. 뉴스 하나에 울고 웃었고 분통을 터뜨렸던 것, 길거리에 서서 노래를 하고 수많은 사람에게 편지를 쓰던 것, 밤새워 주변인 한 사람 한 사람을 설득하고 토론했던 것, 전날 밤의 충격적인 사건과 다음 날의 믿어지지 않는 승리. 그 순간들은 지금까지도 조금도 잊히지 않았다. 그때는, 그를 당선시킨다는 목적 하나만 달성하면, 세상이 모두 한순간에 바뀔 거라 생각했다.

4. 어쩐지 그 순간에도 늘 신해철이 있었다. 신해철의 음악에서는 조금 멀어졌지만, 이상하게도 그는 늘 내가 생각하고 행동하는 곳 근처에 와 있었다. 그는 내가 지지하는 정치인을 위해 찬조 연설을 하고, 〈100분 토론〉에 나와서 이야기를 했고, 길거리 시위에서 노래를 했다(새삼 라이브를 못한다고 생각했다).

5. 대통령 선거가 끝났지만, 세상은 별로 바뀌지 않았다. 탄핵 국면을 거쳤지만, 역시나 세상은 내가 생각했던 것보다 쉽게 빠르게 바뀌지 않았다. 끝없는 이슈들이 등장했는데, 언젠가부터 정치에 관심을 덜 두게 되었다. 관심이 적다 보니 대통령을 욕하는 이야기를 들어도 '아, 그런가 보다' 하고 생각했고, 때로는 함께 욕을 하기도 했다. 그동안 신해철은 드라마에 출연하기도 하고, 덕후의 모습을 강조하기도 하고, 〈100분 토론〉에 나오기도 하면서 왠지 더 유명인이 된 것 같았는데, 반가우면서도 어딘가 부끄럽기도 했다. 우리 아빠가, 혹은 삼촌이 텔레비전에 나온 것 같은 느낌이라면 비슷할까.

6. 그렇게 시간이 지났다. 군대를 다녀오고, 복학생이 되고, 새로운 사람과 생각을 하고, 아르바이트로도 바쁘던 2009년이었다. 신해철은 그해 학원 광고를 찍었다가 큰 논란을 겪기도 했는데 '광고도 찍을 수 있지 뭐 그런 걸 가지고 욕을 하나' 하고 생각했지만, 그의 해명 역시 구차해 보이기는 마찬가지였다. 그렇게 시간이 또 흐른 어느 날, 흐리고 비가 오락가락했던 그런 날, 한 친구에게서 문자가 왔다. '괜찮아?' 답을 했다. '왜?', 다시 문자가 왔다. '뉴스 못 봤어? 노무현 ….'

그가 사라져간 그날 이후로
70년대는 그렇게 막을 내렸지
수많은 사연과 할 말을 남긴 채
남겨진 사람들은 수많은 가슴마다에
하나씩 꿈을 꾸었지 숨겨왔던 오랜 꿈을
무엇이 그들을 기다리고 있었던가
(…)
무엇이 옳았었고 틀렸었는지
이제는 확실히 말할 수 있을까
모두 지난 후에는 말하긴 쉽지만
그때는 그렇게 쉽지는 않았지

〈70년대에 바침〉 중에서

신해철과 나(5)-〈The Hero〉

1. 세상이 한순간에 바뀌지 않음을 다시 느꼈던 그날은 눈물이 나지 않았다. 잠시 멍했고, 그다음에는 화가 났고, 그다음에야 슬픔이 찾아왔다. 추모 콘서트에서 분노하고, 눈물을 흘리며, 노래를 부르는 신해철의 모습도 보았다. 어쨌든 세상은 한순간에 바뀌지 않았고, 믿음과 희망으로 하루를 살아가던 날은 그저 봄날의 꿈처럼, 한순간에 무너진 것 같았다.

2. 함께 희망에 차 싸웠던 그때의 친구 가운데 누군가는 분노해 '반 노무현'이 붙은 누구라도 가차 없이 처단하려 했고, 누군가는 정치에 뛰어들어 완전한 현실정치 논리대로 행동했으며,

또 많은 친구는 덕후가 되어 세상을 바꾸는 일보다는 콘텐츠 속의 설정 놀음에 빠져들었다. 하지만 친구 대부분은 세상에 다른 희망이 있을 것이라는 생각을 가지고 직업 전선에 뛰어들었다. 바야흐로 힐링의 시대였고, 아프니까 청춘인 시대였고, 내 또래가 졸업하는 시기였다.

3. 신해철도 내 친구들처럼 살아가는 것 같았다. 그는 사회문제에 관해 이야기하기를 점점 삼갔고, 가끔 드러내는 모습은 희망보다는 분노였다. 그는 사업을 하는 것 같았고, 과거보다 훨씬 더 덕력을 드러냈으며(《STARCRAFT》 앨범 등을 보면 사실 원래 그런 사람이었던 것 같긴 하다), 과거보다 훨씬 가끔 발표하는 노래들도 메시지보다는 사운드와 프로듀싱에 집착에 가깝게 천착한 노래들인 것처럼 들렸다.

> 아주 오래전 내가 올려다본 그의 어깨는 까마득한 산처럼 높았다.
> 그는 젊고 정열이 있었고 야심에 불타고 있었다.
> 나에게 그는 세상에서 가장 강한 사람이었다.
> 내 키가 그보다 커진 것을 발견한 어느 날,
> 나는 나 자신에 대해 생각하기 시작했다.
> 그리고 서서히 그가 나처럼 생각하지 않는다는 걸 알았다.
> 〈아버지와 나〉 중에서

4. 나도 마찬가지였다. 무엇인가를 찾고 싶어서 서울역에서

노숙인을 위해 일해보기도 했고, 이런저런 사회단체에 발도 담가보았다. 길거리 공연도 했고, 술을 많이 마셨다. 가끔은 분노했지만 가끔은 그냥 살아갔다. 세상이 단순하지 않다는 것만을 배워가면서, 고민을 유예할 수 있는 길을 찾아 로스쿨에 갔다.

5. 변호사시험을 두 달 남짓 남겨둔 어느 날, 공부가 부족해 벼락치기를 하던 어느 저녁, 인터넷도 거의 하지 않고 두문불출하는 중에, 예전 그 친구에게서 문자가 왔다. '괜찮아?' 지난번 경험 때문인지 기분이 이상했다. 오랜만에 인터넷을 켜자 메인에 믿을 수 없는 기사가 떠 있었다. '신해철, 별세' 내가 발을 딛고 서 있는 땅이 바닥으로 꺼지는 듯한 느낌이, 들었다.

6. 나의 시대들은, 그렇게 죽어갔다. 노무현이 죽었을 때도, 신해철이 죽었을 때도, 내 노력과 감정과 추억들로 이뤄진 내밀한 시대가, 그렇게 죽었음을 느꼈다. 새삼 신해철과 신해철의 음악이, 그 모든 순간에 함께했다고, 나의 모든 역사 동안 내게 힘을 주었다고, 나의 가장 깊은 절망의 순간 나를 지켜주었다고, 느꼈다.

> 그대 현실 앞에 한없이 작아질 때 마음 깊은 곳에 숨어있는 영웅을 만나요
> 무릎을 꿇느니 죽음을 택하던 그들
> 언제나 당신 안에 깊은 곳에 그 영웅들이 잠들어 있어요
> 그대를 지키며 그대를 믿으며
>
> 〈The Hero〉 중에서

7. 나는 직업을 가졌고, 결혼을 했다. 아이가 생겼고, 또 다른 아이의 탄생을 기다리고 있다. 직업상 많은 사람의 고통을 보고, 환희를 보며, 삶이 복잡하다는 것, 단순하게 말할 수 있는 것은 거의 없다는 것을 느낀다. 왜 그렇게 힘들었는지, 왜 그렇게 방황했는지 가끔 잘 기억나지 않기도 한다. 그러나 그의 노래를 들을 때면, 그 모든 기억과 감정들이 되살아나고, 봄날 꽃길처럼 아름다웠던 나날들이 떠오른다. 힘들 때도 아플 때도, 내 마음속에 잠들어 있는 그, 신해철은 언제나처럼 나를 지키고, 믿어주고, 힘이 되어줄 것이라 믿는다.

고마워요, 나의 영웅. 신해철.

김상윤_문화기획자

어떤 슈퍼히어로의 죽음

"우리나라 대중이 가지고 있는 나쁜 근성 중의 하나가 자기 히어로를 중간에 내다 버리는 건데요. 자기 히어로를 버린다는 것은 어쩌면 자기를 버리는 거거든요. 10대 시절과 20대 초반까지 자기가 열광했던 히어로는 그 사람의 평생을 결정짓는 정체성이 되어버려요. 그런데 자기 자신의 정체성을 포기하고 보수 기득권층에 영합되어버리는 순간 자기 히어로도 같이 버린단 말입니다. 그럴 이유가 없는데. (…) 우리나라 팬들은

> 20대 중반만 되면 '내가 10대 때 ×××이 좋아했었는데, 그땐 미쳤었지'라고 합니다. 그건 자기 자신에 대한 모욕이 되는 거잖아요. 별로 멋있어 보이지도 않구요."
> **《신해철의 쾌변독설》 중에서**

어떤 사람이 죽고 나서야 그 사람의 가치가 제대로 평가될 기회가 생긴다는 건, 그만큼 우리가 객관적이기 어렵다는 의미일 것이다. 우리는 그때가 되어서야 그 사람이 얼마나 많이, 오래된, 유의미한 사람이었는지 깨닫는다. 그것은 아마도 그 사람이 살아있을 때는 '나'의 관념을 덮어씌워서 '그 사람'의 행동과 '나'와의 관계를 중심으로 그를 판단하려고 하기 때문일 것이다. 그가 이렇게 해주면 좋겠는데. 그가 저러지 않았으면 좋겠는데. 그 사람이 살아있을 때, 그 사람에게 뭐 해준 것도 없으면서도 우리는 그에게 자신의 관념을 투사한다. 그리고 그가 그렇게 하지 못(안)하면 화를 내곤 한다. 슬퍼하거나 증오를 드러내기도 하고, 사실 대부분의 경우에는 무시한다. 그러고는 '그가 내게 유용하지 않았기 때문에' 그를 미워한다.

그런데 그 사람이 죽고 난 뒤의 평가는 생전의 그것과는 좀 달라진다. 왜냐하면 그 사람은 이제 고정되었고, 죽었기 때문에 불멸의 존재가 되었으며, 동시에 망각이라는 것과 싸워야 하는, 정확히는 망각이라는 것과 그 사람 사이에서 내가 대리전을 치러야 하는 존재가 되었기 때문이다. 사람들은 죽은 사람에 대한 망각과 싸우거나, 망각하기 위해 자신의 기억을 다시 더듬어 그 사람의 위치를 찾아 헤맨다. 그가 내 삶에 언제 무엇을 남겼을까, 하고. 그리고 나면, 그 사람의 진짜 무게를 알게 된다. 이영도의 글을 인용하자면 '내 안에 있는 그 사람'을 찾는 과정이 시작된다. 이 글은 지금 이 상황에 있는 내 생각의 과정에 대한 이야기다. 물론, 긴 잡문이다.

상황에 대한 객관적 관찰 능력을 가진 히어로

사람이 말로 내뱉은 것 중 가장 행하기 어려운 일이 두 가지라고 한다. 하나가 '담배 끊는다'고, 다른 하나가 '역지사지'다. 다른 사람의 관점에서, 특히 나와 반대되는 관점에서 보는 것은 쉬운 일이 아니지만, 노력이 그것을 가능하게 만들기도 한다. 하지만 이런 건 역지사지라고 하지 않는다. 이런 걸 따로 부르는 말이 상대론(자)이다. 상대론(세계에는 절대점이 없으므로 모든 것을 비교로 가치 평가하려는)의 세계를 사는 사람들을 찾고 싶다면 정치인들을 보면 된다. 절대선보다는 상대적 선, 그것도 자신들의 세계에서 자신들의 이득을 근거로 한 상대적 선이 중요한 사람들이라면 이들을 따를 자가 누가 있겠는가. 이들은 '옳은' 일을 찾는 것보다 '적을 이기는' 방법을 찾는 데 익숙하다. 그게 우리가 정치인들을 경멸하는 이유이기도 하겠지만, 우리도 대개 그렇다. 우리는 '이명박이 나쁘기 때문에 노무현이 그립'고, '박근혜가 끔찍하기 때문에' 지난 선거의 결과가 아쉽지 않은가.

그런데 내 생각에는 한국 사회에서 누구보다도 명확하고 분명하게 역지사지를 행한 사람이 있다. 담배는 끊지 못했으니 이런 면에서는 또 보통인 우리와 비슷하다고 할 수 있을 것인데, 노벨상처럼 역지사지에 대한 상을 수여하는 행사가 있다면 대상은 몰라도 장려상이나 감투상 정도는 받아야 할 사람이 신해철이다. 그는 그런 태도로 '논객'이라든가, '싸움꾼'이라든가, '독설가'라든가 하는 이미지로 소비되었다. 그는 성격은 더럽고 말은 잘해서, 말로 이기기 어려운 궤변론자라는 비판이 가장 잘 먹히는 연예인이었다.

그렇다. 그는 연예인이다. 그는 연예계에 종사했다. 그 연예계라는 '계'는 다른 어떤 곳보다도 대중의 시선이 쉽게 몰리는 곳이고(그 '계'의 존재 원리 자체가 그러하니까), 그러므로 그의 일거수일투족은 여러 방식으로 소비되어왔다. 그런데 그런 생각을 해본 적 있나. 신해철이 평생을 산 직업은 역지사지와 일반론보다는 상대론이 더 유용한 세계라는 것이다. 여기서 상대론은 여러 레이어로 적용되는데, 우선 한국의 '연예인'들이 가져야 할 '기본 소양'이라는 게 있다. 예를 들어 '배우(가수, 탤런트, 뭐든 연예계 종사자라면 마찬가지) A씨 마약 복용(이 밖에도 각종 범죄를 대입할 수 있고, 심지어 범죄는 아니지만 그가 자신의 이득을 위해 남을 어떻게 한 경우도 모두 포함될 수 있다) 혐의'라는 기사가 뜨면, 그후로 '소문'이 돌며, 사실 당사자가 아닌데도 그런 '소문'이 돈 사람들은 그때부터 자신의 결백을 스스로 증명해야 하는 몸이 된다. 그리고 그렇게 하지 않으면 여러 문제가 터지는 직종이다.

신해철은 그런 직종에서, 그나마 가장 역지사지에 충실한 삶을 살고 말을 하고 음악을 한 사람이라고, 나는 생각한다. 그런데 사실 이 연예계라는 세계에서 절대선이거나 절대적 합리라는 개념은 별로 쓸 데가 없다. 문화와 예술에는 절대선이라는 개념이 원래 없기 때문이다. 그러니 굳이 말하자면, 그는 먹고사는 데는 하등의 도움이 되지 않는 데다가, 외려 피해만 가득한 일들을 굳이 하고, 그런 발언들을 굳이 공론화하며 살았던 셈이다. 대마초 합법화, 동성동본 금혼조항에 대한 문제 제기, 음악 씬의 총체적 난국에 대한 소비자로서의 대중에 대한 책임 묻기, 노무현 대통령 후보 지지 선언과 정치 활동, 그 밖에도 그는 자신이 생각하기에 '이상하다'거나 '옳지 않다' 싶은 것들에 대해 말을 아끼지 않았다.

그의 삶에 대한, 그가 살아있을 때의 대중의 평가를 생각해보라. 역지사지의 태도와 행동이 일치하게 산다고 해서 사람들이 그를 아름답게 봐주지 않는다는 증거로 신해철을 가져다 써도 될 거다. 사람들은 그가 왜 그러는지 잘 이해하지 못했다. 그저 가수일 뿐인데 왜 저러는지. 그래서 거기에 사람들은 이유를 생각해서 붙여놓기 시작했다. '뜨고 싶어서', '주목받으려고' 등등으로. 그런데 보통 그렇게 살다 보면 대중적으로는 궤변론자가 되기 십상이다. 그는 담배를 끊을 정도로 자기경계에 삼엄한 인물은 아니었으므로, 자연스럽게 궤변론자로 사람들에게 낙인찍

했다. 게다가 그의 말은 연예'계'에서 그대로 받아주기에는 너무 길고 복잡했기 때문에, 거의 언제나 잘리고 재구성되어 다른 말이 되기도 했으니까.

그러나 그의 면전에서 그를 궤변론자라고 말할 수 있는 사람이 있기나 했을까. 궤변론자의 특성은 논의를 통해 진실을 밝히는 것과는 다른 목적을 위한 변론을 한다는 거다. 신해철을 궤변론자로 몰았던 사람들의 논리는 '그래서 결국 이거 이용해서 너 뜨려는 거지', '대중의 관심을 끌어보려는 거지'라는 식이었다. 그런데 신해철이 그렇게 해서 무슨 이득을 얻은 적이 있긴 했을까 생각해보면, 아마 있다 해도 〈힘겨워하는 연인들을 위하여〉 정도가 아니었을까 싶다. 그 밖의 경우에서, 신해철은 늘 져왔다. 연예'계'는 그렇게 해서 이길 수 있는 곳이 아니다. 적어도, 이 나라에서는.

며칠 전부터 〈캡틴 아메리카: 윈터 솔져〉에 대한 어떤 스탠드업 코미디언의 멘트가 인터넷상에 돌아다닌다. 그의 이야기인즉슨 이렇다. 캡틴 아메리카가 왜 대단한가 하면, 수십 년을 빙하 속에 얼어있다가 깨어났다. 그런데 깨어나자마자 바로 앞에 흑인이 나타나 '네가 필요하다. 와서 일해'라고 하고, 게다가 사이드킥도 팰컨이라는데, 흑인이야! 게다가 날아다녀! 그런데도 한마디 말도 없이 적응하는 거다. (사실 마블은 '앞으로의 캡틴 아메리카는 팰컨이 물려받음'이라고 선언했다. 흑인 캡틴 아메리카의 탄생이다. 스티브 로저스는 슈퍼 세럼이 말라가고 있어서 노화가 진행 중인 설정이다.) 캡틴 아메리카 스티브 로저스는 엄청나게 유연한 사고의 소유자라는 이야기가, 개그가 되는 거다. 보통 사람에게 이런 합리주의적 판단을 기대하기는 어려우니까.

이게 개그가 되는 이유는 우리가 다른 사람에 대한 편견을 버리기가 얼마나 어려운가, 사회적으로 구별된 '어떤 사람들'에 대한 '어떤 이미지'의 영향을 받지 않고 생각하기가 얼마나 어려운가를 이미 알고 있기 때문이다. 근래 채현국 효암학원 이사장과 〈한겨레〉의 인터뷰 '노인들이 저 모양이란 걸 잘 봐두어라'를 보고 충격과 감동을 받은 사람들, 많을 거다. 그거, 노인들에 대해 우리가 가지는 '공경'이라는 키워드를 제외하고 노인들을 보라는 거다. 채현국 선생이 그럴 수 있는 건, 자기 스스로를 '조명받을 가치가 없는 사람'이라고 소개할 수 있기 때문일 것이다. 나는 그나마 내 시대를 같이 살아온 사람 중에 이런 시선을, 권위와 위력을 무시하고 사실을 사실로 받아들이고 대응할 수 있는 사람으로 신해철보다 명확한 사람을 못 봤다. 내게 그는 캡틴 아메리카 같은 존재였다.

현실적, 상황적 인식에서 시작하는 전략의 설정

어떤 사람이 실제 현상을 통해 세계를 움직일 수 있을 때, 그 현상은 사회적으로 두 가지로 구분할 수 있다. 하나는 즉각적이고 격정적인 변화여서 모두가 그 변화를 알게 되는 것이다. 흔히 아이돌 문화로 표현되는 음악계, 웹툰의 '성장'으로 이야기되는 만화계 등이 이런 특성을 갖는다. 다시 말해, '스타'를 만드는 거다. 사실, 거의 대부분의 예술가가 이렇게 산다. 그래야 먹고살 수 있다. 이건 꽤 계산적이어야 가능한 것이기도 하고, 세상이 그들을 잘 써먹을 수 있어야 가능한 일이기도 하다. 사실 그런 의미에서 '모든 예술은 정치적이다'라고 많고도 많은 사람이 말했다. 그들이 결국 세상을 바꿔놓았노라고. 사실은 그들을 이용해서 바꿔 먹은 거면서. 또는 서로 짜고 한 셈이거나.

김연아는 피겨스케이팅 영역에서 새로운 세계를 열었다. 이것은 분명하다. 그러나 무한도전을 지나 광고에 나오는 김연아를 보는 사람들은 이제 피겨스케이팅은 제외하고, 김연아를 상품으로 소비하는 세상을 맞이한다. 그렇게 김연아는 소비된다. 그러나 그것만으로는 그저 '돈을 잘 버는' 이상의 무엇을 하기는 어렵다. 김연아는 수많은 어린 소녀들을 피겨스케이팅이라는 새로운 사교육의 영역으로 밀어 넣는 역할로 소비되었다. 얼음 위에서 뛰고 돌고 있을 아이들이 행복할지 아닐지는 알 수 없는 일이지만, 적어도 거기에 욕망이 새로이 작동하는 것만은 분명하다. 그러나 정말, 그들 중에 '스타'가 될 가능성은 얼마나 있는 걸까.

이런 '스타'가 만들어지는 것도 그렇게 간단한 것만은 아니다. 그냥 세계에 그런 '대단한 존재'가 존재한다는 것만으로 스타가 만들어지는 게 아니다. 거기에 뭔가 더 있어야 한다. 그 또 다른 요소는 대중이다. 대중이 필요하다. 누군가를 '스타'로 만들어내는 방법이자, 돈을 만들어내고, 소비를 기반으로 시장을 키워내는 방법이다. 이런 현상들은 문화로는 기능하지만, 예술로 기능하기는 쉽지 않다. 피겨스케이트 경기장에서의 김연아는 예술을 만들어낼 수 있는 존재이지만, 그녀가 부르는 노래나 그녀가 나오는 광고가 예술이 되기는 난망이다. 그러므로 스타는 예술가가 되기 어려워진다. 다른 영역에서, 그가 최선의 결과를 낼 수 없는 영역에서 소비되기 때문에.

신해철 역시 이런 '스타'가 되는 방법을 택했다. 그러나 그의 방식에는 조금 차이가 있는데, 그는 자신이 '하고 싶은 일을 하기 위한 도구'로서의 스타가 되는 방법을 택했다는 것이다. 변화가 구현되려면 그 변화를 진행하는 데 조금씩 영향을 주는 많은 사람이 필요하다. 사실, 그냥 많은 사람이라고 해서 되는 건 아니다. 정확하게는 '현재 상황을 인식하는 많은 사람'이 필요하다. 음악이 이런 역할을 오랜 시간 동안 해오고 있는 것은 어쩌면 당연하다. 음악은 전파에 필요한 비용이 상대적으로 가장 낮은 예술에 해당하니까. MP3 논쟁을 예로 들지 않더라도, 음악은 어떤 예술 장르보다도 오랜 복제의 역사를 가지고, 방송이라는 전파 매체가 가장 처음 들여놓은 예술이기도 하니까 말이다. 그래서 음악은 '장르'라는 개념으로 소비자를 분화한 최초의 예술이다. 대개 다른 예술들은 생산자의 특성, 역사성, 사회적 관계 등으로 영역이 정해지는데, 음악은 이런 관계보다는 '어떤 뿌리에서, 어떤 소비계층에서 나온 것인가'가 장르가 된다는 특성이 있다. 그리고 그 가장 단순한 단계에서 음악을 소비하는 방식이, 우리가 흔히 이야기하는 아이돌 시장일 것이다.

그래서 신해철은 아이돌 시절을 지났다. '그렇게라도 할 수 있게 된다면'이라는 전제에서. 그가 수없이 이야기한 자신의 보컬로서의 자질과 문제에 대해, 그는 마흔이 넘어서야 '그래도 내 목소리도 노래할 만하다'는 결론을 내린다. 가수 생활을 20년을 해놓고서. 그리고 이제, 기타를 '땡길' 수 있는 상황이 되자, 아이돌을 폐업한다. 그만큼 통쾌하게 영역을 바꿔 활동한 사람이, 있나?

세계를 만들어내는 방법을 도구화하다

음악에서 한 사회의 문화가 시작되는 데는, 그 음악이 주장하는 의미에 동의하는 많은 사람이 필요하다. 신해철은 그런 사람들을 데리고 하는 게 아니라, 찾는 방향을 선택했다. 그는 '아이돌로 가수를 시작했으나 상황이 된다면 당연히 기타를 들고 록을 해야' 한다고 생각하고, 그 '록'을 하기 위한 여건을 마련하기 위해 아이돌 생활을 했었다. 그리고 그 환경이 갖춰지자마자 아이돌로서의 자신을 버린다. 그러면서, 고난이 시작된다. 서태지와 비교를 해보자면, 서태지는 그 경계를 부드럽게 넘어가려는 노력을 오랜 시간에 걸쳐 계획적으로 진행했지만(같이 늙었지만), 신해철은 그냥, 할 수 있게 되자 바로 해버렸다. 그러면서 계속 더 젊고 더 어린 것들을 세뇌하려 노력했다. 이승환이나 서태지와 다른 신해철의 특성을 나는 그렇게 생각한다. 신해철은 공연장에서 '아이돌 응원하듯 꺅꺅거리는' 열성팬의 목소리가 너무 커지자 공연을 중단하고 스태프에게 '환불하고 돌려보내지 않으면 공연 더 안 함'이라고 지른 적이 있다. 보통의 연예인이라면, 이런 짓은 자살행위에 가깝다. 그런데 신해철에게는 그게 '판'을 만드는 일이었으니, 그렇게 하지 않으면 안 되었던 모양이다.

N.EX.T의 1집 《Home》은 그런 의미에서, 앨범 자체의 가치 이상으로 신해철의 실험적 행보를 주목해야 한다고, 나는 지금도 생각한다. 특히 당시까지의 LP 기반의 Side A, B 구성에 따른 재킷 디자인과 곡 배치를 보면, 신해철의 실험적 태도를 쉽게 이해할 수 있다. 이 앨범을 신해철의 '비판'이라고 읽는 건 오류라고, 나는 생각한다. 이 앨범은 그저, 현실 '인식'을 기반으로 대중적 동의를 얻을 수 있는가에 대한 실험이었다. N.EX.T가 '텔레비전 출연을 하지 않겠다'는 의도에도 이런 실험적 의미가 있다고, 나는 생각한다. (사실, 이때 과자 광고 등등 여전히 신해철은 대중적 소비속성이 유지되는 아이돌의 지위를 가지고 있었다.) 그리고 이어서 신해철은 방위 복무와 대마초 크리 2연타를 맞는다. 그리고 실험이 가속화되었다.

그 가속화의 결과물로, 그는 본격적으로 '동의하는 사람들을 찾는' 앨범을 냈다. 2집 《The Return of N.EX.T Part 1-The Being》(1994) 과 《The Return of N.EX.T Part 2-World》(1995)

의 위용을 보라. 이 두 연작에는 1990년대 중반의 한국 사회에서 생각할 수 있는 '문제의 근원들'에 대한 이야기들이, 정말로 빼곡하게 차 있다. 아예 제목부터 '존재'와 '세계', 안과 밖, 인식의 근원과 인식의 재료. 아마도, 그 당시 10대 20대들에게 '인식'과 '인지'의 영역을 분리하라고 이야기한 최초의 인물일 거다. 내게는 그랬다.

그리고 이 앨범 뒤에 《N.EX.T IS ALIVE [THE WORLD] TOUR》, 《Here, I stand for you》, 《R. U. READ? N.EX.T Concert Album: The First Fan Service》, 영화는 대차게 망했지만 김창완을 배우로 만들고 음악만큼은 남은 《정글 스토리》 OST, 그리고 〈FM 음악도시〉 시장님까지. 그는 '가장 앞서가고 있는 입장에서 시장을 만들어내야 한다'는 의도로, 그야말로 '처달렸다'.

지금도 '중2병'이라는 표현이 그의 추모 글에서도 보이는데, 그 '중2병'이라는 것의 의미를 생각해보라. 사실, '중2병'이라는 단어는 일본의 라디오 프로그램에서 그 나이쯤에 겪을 만한 홍역의 사례들을 모아 소개하는 프로그램에서 왔다. 그러니까 다른 말로 하자면 사춘기에 생각하고 할 만한 것들을 우리는 비하적으로 '중2병'이라고 하며, 그런데 실제로 중2 나이쯤의 아이들에게 이런 평가를 하는 경우는 잘 없지 않은가. 그때는 다 그랬잖아. 나도 너도. 그래서 '중2병'의 수식어는 '아직도'가 아닌가.

신해철의 팬이라면, 그가 라디오에서 진행했던 '상담'들을 기억할 것이다. 그는 '중2병'을 '당연한 것'이며, 꼭 '중2가 아니라도' 겪을 수 있는 것으로, 특히 한국 사회에서는 당연히 그런 것으로 인지했던 사람이다. 나는 그가 세상에 참여하는 방법으로 택한 것이 그들의 이야기를 듣고, '절대 어른으로서 평가하지 않는' 상담이었다는 것이, 정말 고맙다.

상황 확인과 실패의 선언

위기상황이라는 인식의 시작은 상황에서 오고 그 진행은 당황에서 온다. 정확히 말해, 상황에 '내'가 대응하지 못하고 있을 때 '우리'가 위기라고 느낀다. 아니, 왜 '내'가 대응을 못 하는데 '우리'가 위기야? 그 이유는 사실 간단하다. 사람 사는 거, 다 거기서 거기거든. 그러니까, 내가 '아, 조때꾸나' 할 때, 사실 수많은 사람이 동시에 '아, 조때꾸나' 하고 있다는 거다.

물론 이런 상황에서도 살아나가는 놈들이 있다. 상대적으로 이런 놈들은 아까 위에서 이야기한, 실제 현상으로 세계를 움직일 수 있는 두 번째 경우다. 문제는 그 변화가 너무나 점진적이고 천천히 이뤄지기 때문에, 그 변화의 현재 상황과 과거 그리고 앞으로의 양상을 이해하기 위해서는 그만큼의 안목과 노력이 필요하다. 다시 말하자면, '아 이제 조때겠구나 …'라고, 그 현상이 일어나기 전에 다른 현상들을 보고 생각하는 감각이다. 마치 제비가 낮게 날면 비가 온다는 것을 아는 늙은 농부처럼 말이다. 사실, 진짜 훌륭한 예술가들은 이런 거를 하는 사람들이다. 이건 꽤 계산적인 수준이 아니라 머리 꼭대기쯤 앉아있어야 가능한 것이기도 하고, 세상이 그들의 인지를 따라가지 못하는 수준으로 비상해야 가능한 일이기도 하다. 사실, '모든 예술은 정치적이다'라는 진짜 의미는 이거다. 예술은 정치가 망쳐놓을 세상을 미리 보고 대응하는 것이다.

그런 증거들은 예술에 대한 자부심을 불러일으킬 때, 무엇보다도 쉽게 사용되는 방식이다. 밥 말리, 존 레넌, 핑크 플로이드, U2 … 그러고 보니 다들 음악가네. 어쨌든. 그런데 그러려면 뭐가 필요하다? 바꿔야 할, 문제가 심각하고 명확한 현실이 필요하다. 그리고 그 문제에 오랜 시간 동안 상처를 받아온 사람들이 필요하다. 그런데 한국 음악에서 이런, 즉각적이고 격정적인 변화를 불러일으킬 수 있을 만한 노래가, 한국에서 이런 예술이 있을까? 별로 없다. 그나마 민족민중미술의 1980년대 〈현실과 발언〉 동인이 비슷하게 간 정도일까. 지금 몇몇 작가들이 그러고 있는 정도일까. 음악으로 한정하면 더욱 그렇다. 산울림의 〈아니 벌써〉도, 한대수의 〈물 좀 주소!〉도, 들국화의 〈행진〉도, 서태지의 〈시대유감〉도, 김민기의 〈아침 이슬〉도, 백기완과 김종률의 〈임을 위한 행진곡〉도 이런 역할을 하지는 못했다.

그 앞에 서서, 미술사적 의미든 음악사적 의미든 기타 등등 복잡다단한 거 말고, 그냥 보고 들으면서 '나'를 깨닫는 순간을 주는 작품들은 보기 어렵다. 물론, 도구적 역할은 해왔다. 지금도 시위 현장에서는 이 노래들이 울려 퍼지고, 우리는 술을 마시고 이 노래들을 부른다. 그러나 그 수준을 넘어선, 그 예술 씬이 아니라 사회적 관점에서의 계몽의 기능성은 없었다고 봐야 할 것이다. 한마디로, 이런 노래들 역시 누군가의 '주제가'가 되지 못했다. 물론, 신해철의 그 많은 디스코그래피 속에도 그런 곡은 나오지 못했다. 어떤 사람들에게는 — 내게도 그런 곡이 있었지만 — 그 곡이 대중적으로 성공하는 일 같은 건 일어나지 않았으니까.

그러나 적어도 신해철은 그런 노력을 했다. 신해철은 《Lazenca -A Space Rock Opera》(1997)로 밴드로서의 정점의 결과물을 내놓았다. 아마도 아직까지도 한국 음악에서 이 정도의 완성도를 가진 앨범은 별로 없을 것이라는 데 거의 모든 사람의 평가가 일치한다. 그리고 그는 다시 상황을 인지하고, 이대로는 답이 없다고 판단한다. 그동안 N.EX.T로 한 실험이 '실패'했음을 선언하며, 그는 팀을 해체한다.

사실, 중요한 것은 그가 왜 굳이 '실패'를 선언하고 '해체'를 말했는가이다. 대개 음악을 하다가 팀이 해체한다고 해서 '실패'를 선언하지는 않는다. 대개 연예인으로서의 고독이라든가, 창작의 어려움 뭐 이런 이야기를 한다. 그런데 N.EX.T의 해체 기자회견에서 신해철은 '더이상 갈 데가 없는 공룡'으로 N.EX.T를 비유한다. 다시 말해, "이 노력에도 판이 깔리지 않았고, 이 '판이 없는 상황'을 특수한 상황으로 이해해야 할 근거(N.EX.T)를 실험을 통해 확보했으니, 이제 그만한다"로 요약할 수 있는 그런 기자회견이었다. 이때 신해철을 욕하던 사람들, 많았다. 왜 그만두느냐고. 왜 내가 하고 싶은 이야기를 더이상 대신해주지 않느냐고 말이다. 그러나 신해철은 다른 이야기를 하고 싶었던 것 같다. 굳이, '실패'라고 선언하면서 알려주고 싶었던 이야기.

공부 못해도 좋고, 돈 못 벌어도 좋으니 아프지만 말아라

근래 신해철은 활동을 다시 시작하는 상황이었다. 그리고 그는 방송에 나가기 시작했다. 사실, 그의 팬들이라고 해서 이런 방송들을 하나하나 찾아보는 사람, 많지 않았을 거다. 그는 여기저기서 '아프지만 말아라'라는 말을 했다. 남에게 씌우는 욕망을 좀 덜 씌우고, 그저 '아프지만 말아라'라고 하는 사람들의 관계들이 필요하다고 그는 이야기하고 다녔다. 그리고 그 말은 그의 팬이었던, 그와 함께 늙어가던 사람들에게 하는 말이기도 했지만, 지금의 10대 그리고 20대에게 하는 말이기도 했다. 그는 예로 '형이 사법고시에 패스하고, 어머니에게 형처럼 너도 사시를 패스해야 한다는 말을 듣고 있는 동생의 상황'을 들었다. 그는 '형이 했으니 너는 뭐 안 해도 된다. 그냥 건강하게 해라'라고 말하는 어머니가 필요하지, '너도 무조건 패스해야 해'라고 말하는 어머니와 그런 상황이 무서운 거라고 말했다.

그는 한쪽으로는 그렇게, 자신의 영역인 음악에서 그 역할을 하고 있었다. 《Homemade Cookies & 99 Crom Live》, 윤상과의 프로젝트인 노땐스 《골든힛트-일 집》, 그리고 재결성한 N.EX.T의 5집은 모두 신해철이 자신의 리소스를 최소한으로 투자하며 만들어낸 앨범들이다. 이미 그는 할 수 있는 끝까지 음악의 질을 높이는 작업들을 해본 사람이고, 그런 걸로 먹고살 수 없는 상황에서 어떻게 대안을 마련할 것인가의 한 방법으로 이런 앨범들을 기획하고 만들어냈다고 말했다. 이렇게 싸게 만들 수도 있다고. 그러니까 해보라고. 물론, 사람들 대부분은 '씨바 어쩌라고' 하겠지만, 우리나라에서 자신이 사용한 악기와 구성을 신해철만큼 명쾌하게 밝혀온 음반 제작자이자 가수, 작곡가이자 퍼포머는 몇 안 된다. 그리고 이 앨범들에는 20년이 넘게 음악을 한 신해철의 개인적 생각들이 한 곡 한 곡 쌓아 올려져 있다고, 나는 생각한다. 그가 절대 안 뜰 곡이지만 내가 죽고 나면 묘비에 새길 거고, 그러고 나면 뜰 곡이라고 말했던 〈민물장어의 꿈〉이 세 장으로 이뤄진 《Homemade Cookies & 99 Crom Live》 중에 《Homemade Cookies》에 수록되어 있다.

그는 싸이렌 엔터테인먼트라는 회사를 만들어 가수들을 키워내고 있었고, 한국에서 특수한 상황에 있는 '인디'에 대한 애정을 숨기지 않았다. 그는 다른 나라에서는 명확하게 장르가 구분된 음악을 하는 친구들까지도 모두 인디로 쏠려와 있다고 말하며 이 상황이 이상하다고 하면서도, 아이돌 음악이 이들을 몰아낸 게 아니라, 그쪽에서 그만큼 간 건 그거대로 인정하고, 그 상황에서 어떻게 판을 키울 수 있을까를 계속 고민하고 말하던 사람이다. 그는 아마도 우리 음악계에서 '대중의 문제'에 대해 가장 명확하고 능동적으로 발언하는 사람이었다.

물론, 연예인 대부분은 대중을 비판하지 않는다. (굳이 한다면 '사생팬' 등으로 분류하고 나서 한다.) 그들에게 대중은 절대적 존재가 되어있고, 그들이 얼마나 많은 클릭을 하고, MP3를 다운로드 받는가가 문제이며, 어떤 예능에 나와서 어떤 식으로 자신의 새 작업을 홍보해야 하는가를 고민한다. 그들에 대해서는, 절대 이야기하지 않는다. 그저, '많은 사랑을 주셔서 감사합니다' 이상으로는 말이다.

그래서 그 사이, 그의 팬들은 이제 그를 잊기 시작했다. 10대와 20대 시절의 영웅을 계속 좋아하기에, 그는 너무 많이 변해버렸다고, 우리는 생각했다. 그는 부모가 되었고, 자신이 가진 자신의 불안함이 결혼을 하고 아이들이 생기면서 사라졌다고 말했다. 그가 말한 불안함이 사라진다는 것은 그만큼 생활에 대한 고려가 뒷받침되고, 일상이 얼마나 중요한가에 대한 인식을 다시 하게 되었다는 의미로, 나는 받아들인다. 《Homemade Cookies》에 함께 수록된, "90퍼센트만 되면 그냥 레코딩을 '저질렀기' 때문에 늘 아쉬웠던 곡들에 시간이 지날수록 '원한'이 쌓이게 된다"고 말하며 다시 부른 〈일상으로의 초대〉는 더할 나위 없이 느끼하며 순진하다.

    사실은, 우리가 변했다. 그땐 미쳤었지. 하면서, 우리는 지금의 우리를 돌아볼 만한, 절대점으로서의 신해철을 상대적인 것으로 평가했다.

사람이 있고, 사람은 음악을 듣는다

    신해철이 늘 하던 말이라 한다. 사람은 음악을 듣는다.《에반게리온》에서 나기사 카오루도 그랬지. 음악은 인류 문명의 극치라고. 신해철이 믿었던, 저 말. '사람이 있고, 사람은 음악을 듣는다.' 저 말은 사실, 우리에게 하고 싶었던 말이 아니었을까. 나는 그래서, 이 말을 믿고, 그래서 음악을 한다고. 진중권과의 대담에서 진중권은 신해철을 '욕계의 왕'인 '마왕'이라고 소개한다. 고양이를 기르는 이야기를 하고, 아이들을 키우는 생활을 이야기하던 마왕은 이제, 없다. 그래서 우리는 이제 마왕을 처음으로, 바로 바라볼 수 있게 된 것 아닐까. 나는 여기 있고, 나는 음악을 듣는다.

    나는 신해철의 음악을 빼먹지 않고 들어왔다. 나는 그를 공연에 세워본 적도 있고, 그와 이야기를 나누어본 적도 있다. 그러나 내가 그에게 영향을 받은 것은, 그의 사람으로서의 태도이자 동시에 그의 음악이었다고, 나는 생각한다. 나는 그가 역지사지를 기본적으로 장착한 슈퍼히어로가 아닐까 생각하고, 그가 가진 합리주의자이자 자유주의자로서의 태도를 배우려 애썼다.

그는 여전히, 어디에선가 우리 눈에 보이지 않는 곳에서 계속 슈퍼히어로로 활동하고 있었다. 그는《REBOOT MYSELF》라는 앨범을 내놓고 활동을 시작하고 있었고,《REBOOT MYSELF》를 내놓은 시점에서, 그 이전의《Myself》시절을 '복잡한 강남역 사거리 센터에 서서 이리저리 오가는 버스와 택시, 복잡한 인파를 바라보고 있던 시절'이라고 표현했다.

다른 나라에서는 수십 년이 걸려 만들어지는 장르가 하루아침에 들어오고 나가는 상황에서, 3분이나 4분 이내의 대중음악, 유행가를 '딱' 내놓으라는 강요를 받던 상황에서,《Myself》에는 어쩔 수 없는 상황에서 '우연이 만들어낸 균형'이 재미있는 게 있었고,《Myself》앨범의 성공으로 "음악을 할 수 있는 공간을 만들어내는 데 사반세기 시간이 걸렸다"고 말했다. 1990년대 후반부터는 '일반인들이 듣기에는 상당히 괴로운' 앨범들을 만들었다며, 이번에는 이제 그 사거리로 다시 돌아가 보고 싶다는 의미로 앨범을 냈다고 말했다.《REBOOT MYSELF》는《Myself》의 리부트이자, 신해철 자신의 리부트라는 의미로 설명했다.

우리는 이제 그의 '리부트'를, 슈퍼히어로가 어떻게 지금의 시대에서 자신의 이야기와 싸워나갈지를 볼 수 없게 되었다. 그저, 지금까지 그가 쌓아온 놀라운 일들, 세상에 만들어놓은, 사실 우리도 잘 모르고 있는, 그것들을 다시 찾아서 다시 하나하나 생각해볼 기회만이 남았다. 이제, 더이상 내 인생에 OST를 만들어주던 슈퍼히어로는 없다. 하지만 나는 앞으로도 사람일 거고, 앞으로도 음악을 들을 거다. 잘 가라. 나의 영웅. 나의 슈퍼히어로.

4부

2002년 두 번의 인터뷰: 노무현 당선 직전, 그리고 직후

영원히 낡지 않을 신해철의 인터뷰

신해철 씨를 처음으로 만난 것은 《THEATRE WITTGENSTEIN: Part 1-A MAN'S LIFE》로 복귀해서 활동을 시작할 무렵이었다 (이때 한 인터뷰 원고는 아쉽게도 찾을 수가 없었다). 그리고 2002년 대통령 선거 직전과 직후 10여 일 사이에 두 번의 인터뷰를 했다. 이 두 번의 인터뷰가 인상적이었던지, 그와의 인연은 2007년 《신해철의 쾌변독설》을 위한 작업으로 이어질 수 있었다. 정상의 자리에 있던 그는 새내기 인터뷰어라고 할 수 있는 나를 친절하게 대해주었다. 에너지 넘치던 시절의 그를 추억하는 많은 분을 위해 두 개의 인터뷰를 소개하려 한다. 그의 인터뷰 내용은 지금 봐도 놀랍게 일관되고, 여전히 낡지 않은 텍스트였다. 그도 변하지 않았고, 다행히 나도 변하지 않았나 보다.

인터뷰 하나.
2002년 12월 17일 신해철을 만나다

가요계 데뷔 10년을 훌쩍 넘기면서 수많은 실험과 도전으로 대중음악계에 중요한 한 축으로 자리 잡은 신해철 씨를 2002년 12월 17일 오후 방배동의 카페 오로에서 만났다. 신해철 씨는 현재 노무현 후보를 지지하는 유세 등의 활동을 하고 있는데, 주한미군 장갑차 사건, 정치에 관한 견해, 결혼생활, MP3 유통 등과 관련된 음악 문제 등에 대해 거침없이 의견을 털어놓았다.

옳다고 생각하는 것을 위해 작은 고집을 버렸습니다

지승호(이하 지) 주한미군 장갑차에 희생된 여중생들을 위한 추모공연 〈효선이 미순이의 아리랑〉에도 참석하셨는데요. 그 사건에 대해 어떻게 생각하십니까?

신해철(이하 신) 아리랑 공연이라 함은 경희대에서 있었던 거 말씀하시는 건가요? 최근의 그런저런 활동에 대해 '왜 했느냐, 왜 참가했느냐, 그 의미는 뭐냐?' 하는 질문을 받는데, 사실 대단히 마땅한 게 없어요. 기껏 하는 대답이 '놀면 뭐해요? 안 하고 저 보고 뭐하라는 말인가요? 한 게 뭐 이상한가요?' 이렇게 대답합니다.(웃음)

지 일부 신문들은 그 사건에 대한 전 국민적인 추모 열기와 항의시위를 '극소수의 반미감정' 내지는 '국익에 도움이 되지 않는다'고 말하고 있는데요.

신 너무 몰라서 그렇죠. 모르기도 모르는 데다가 플러스알파가 많지 않나?(웃음) 전 국민이 납작 엎드려 국익에 도움이 되도록 행동한 결과 우리가 얻은 게 뭐냐는 거죠.

지 어떤 사람은 이 사안에 대해 지난번 텔레비전 토론에서 특정 후보에게 하셨던 '끼워주지 않는다'는 말에 대해, 누구를 끼워주고 말고 할 문제가 아니라고 말하기도 하는데요.

신 그 배경에는 지금까지 보여준 그분의 행동 패턴과 다르기 때문에 여기저기 다니면서 계란 맞고, 신부님에게 가라는 소리도 들은 거잖아요. 신부님은 이회창 씨를 왜 안 끼워줬답니까? 시위에 참가하기 전 행동과 너무 상반되기 때문이잖아요. 그분이 끼어듦으로써 사태를 오염시키기 때문이죠. 광화문 집회에 나가서 정파나 분위기에 오도되거나 이용되어서는 안 된다고 말씀드렸지만, 그건 노무현 후보 쪽에 대해서도 마찬가지 입장이에요. 이모 씨 주변에서 '보이지 않는 손'이니 이런 얘기가 나오는데, 자기 주변에서 나오는 얘기도 정리하지 못하면서 참여하려고 한 것이 웃기는 얘기 아닙니까? 누가 봐도 뻔한 건데 내부에서조차 '거기 가서 뭐하느냐?'는 소리를 듣잖아요. 자기 집안 단속부터 먼저하고 오던가.(웃음)

지 노사모 사이트가 선관위로부터 불법 판정을 받아 잠정 폐쇄되었고, 희망돼지도 불법 판정을 받았는데요. 그런 것에 대해서는 어떻게 생각하십니까?

신 세부적인 법률문제라든지 자세한 부분에 대해서 사실 저는 무지한데 언뜻 알고 있는 것을 근거로 한다면, 과거 선거에서 보이던 이런저런 것들을 때려잡는다고 법령을 만들다 보니 그게 부작용이 있어서 오히려 자발적인 참여까지 제한하게 되는 건데, 재고의 여지가 있는 게 아닌가 생각합니다.

지 한나라당에서 남경필 대변인까지 나서서 치사하게(?) 예전에 대마초를 피웠던 경력을 문제 삼고 있다고 하던데요. 그 점에 대해서 어떻게 생각하십니까?

신 뼈가 좀 아팠나 보죠.(웃음) '타격이 좀 가긴 갔나 보네' 하고 생각하는 거지. 웃어야지 그걸 보고 뭐라고 그럽니까. 그런 부분 빼고라도 나머지 부분 때문에라도 욕 많이 먹고 비웃음 많이 받는 사람인데. 저야 입 다물고 있어야죠. '너네 캠프에 가 있는 대마초 애들이 훨씬 많은데'라든가, '너네 선대위원장 동생 관리나 잘해라' 이런 얘기는 못 하죠.(웃음)

지 찬조 연설, 텔레비전 연설에 대한 주변의 반응은 어땠나요?

신 별로 신경 안 써요. 제 주위에 아주 가까운 친구들은 실실 웃어요. '그다지 놀라운 일은 아니다'라는 식으로요. 남궁연이 주위 사람들과 얘기하다 '너무 센 거 아니냐. 내가 보기에 기호 7번이던데' 하고 실실 웃고 있고요. 20-30대 일반인에게는 열렬한 반응을 얻은 것 같아요. 유치한 울분 삭이는 멘트 지껄이는 사람들 빼놓고는 한나라당 진영이나 다른 곳에서도 욕은 많이 먹지 않았어요.

지 명동 유세에서 "그동안 정치와 거리를 둬왔지만 옳다고 생각하는 것을 위해 작은 고집을 버리기로 했다. 역사의 수레바퀴를 앞으로 돌리고 삶의 가치를 회복시켜줄 사람은 노 후보"라고 지지를 선언하며, 〈고스트 스테이션〉 진행을 스스로 사퇴했다고 하던데요. 대선 후에는 다시 진행하실 겁니까?

신 일시적으로 방송을 중단했기 때문에 대선이 끝나면 제자리로 돌아가기로 방송국 측하고 팬들하고도 약속이 되어있습니다.

지 노무현 후보를 지지하는 가장 큰 이유가 무엇인가요?

신 여기저기서 밝힌 그런 지지 이유가 있고요. 두 번째는 반동 수구세력의 집권을 막아야 한다는 이유도 커요. 두 번째 이유는 슬픈 이유긴 하죠. 어제도 〈노무현 라디오〉를 진행하다가 대학생하고 통화했는데, 자기는 사회당 지지자인데 노무현을 찍겠다고 하더라고요. 그 고민으로 밤잠을 이루지 못한다고 했어요. 젊은 사람 중에 그런 고민을 하는 사람들이 많습니다.

지 수구세력의 집권을 저지해야 한다고 말씀하셨는데, 어떤 점에서 그들이 수구세력이라고 생각하십니까? 또 그들이 집권하면 안 되는 가장 큰 이유는 무엇이라고 생각하시나요?

신 모여 있는 사람들의 면면, 그들이 지금까지 해온 언행, 그들이 걸어온 길, 그리고 선거가 막판으로 갈수록 모여드는 현상들이 심화되지 않습니까? 물론 민주당 내에서도 수구라고 부를 수 있는 사람들이 있을 것이고, 민주당 자체를 진보정당이라고 보기에는 무리죠. 유권자 중에서 젊은층, 진보들의 고민이 그거 아닙니까? 확실하게 밀기에 민노당은 자세가 안 나오고, 민주당은 정이 안 가는 부분이 많고, 그렇지만 한나라당을 보면 돌아버리겠고.(웃음) 의외로 선택이 간단하다고 생각하는데요. 그런 면에서는.

지 본인은 민주노동당 성향이라고 말씀하셨는데, 민노당 측에서 말하는 이회창과 노무현의 차이보다 권영길과 노무현이 차이가 훨씬 더 크다고 말하는 것에 대해서는 어떻게 생각하십니까? 선거 전략상 양쪽을 다 공격하다 보니 결과적으로 한나라당에 도움을 주는 것 같다고 말하는 사람들도 있는데요.

신 선거가 끝나지 않았기 때문에 민노당의 약진을 환영하는 입장입니다. 그래서 민노당을 까고 싶진 않아요. 민노당과 노무현의 차이가 그렇게 크다면, 노무현과 이회창의 차이도 역시 대단히 큰 거거든요. 자신과 노무현의 차이까지만 얘기하고, 노무현과 이회창의 차이는 이야기하지 않거든요. 보기 싫죠.

지 미국만 해도 공화당과 민주당의 차이는 크지 않을지 몰라도, 고어와 부시의 차이는 큰 것으로 보이는데요.

신 랠프 네이더 꼴은 안 나길 바라야죠.

지 "너무 목적이나 사회의식만 앞세우면 노래의 균형이 깨지고 추해질 수도 있다"고 하셨는데요. 그 균형은 어떻게 유지하십니까?

신 그거야말로 현실을 보려는 노력과 자기 마음의 움직임을 따르려는 인내 이런 것을 총동원해야 하는데요. 사실 그 판단을 하기가 대단히 고통스러워요. 진보 쪽에 있는 사람들은 주변에 진보적인 사람들이 쭉 있으니까 대한민국이 굉장히 진보적이 됐다고 착각하거든요. 음악 마니아들은 주위에 음악 마니아들만 있다 보니 '이제 이런 정도의 음악은 듣지 않을까'라고 높여보는 사람들도 있어요. 그것을 모두 상대하는 메이저 뮤지션이 되면, 물론 저는 국민가수라는 말은 거부합니다.(웃음) 국민가수가 되느니 63빌딩에서 뛰어내리는 게 낫죠, 제 케이스에는. 근데 그렇다고 소수의 사람이 이해하는 음악만을 만드는 것도 제 임무에 맞지 않고, 그렇다고 모든 사람이 쉽게 들을 수 있는 음악을 만드는 것도 제 임무에 맞지 않고, 그러다 보니 애매한 위치에 처하게 돼요. 상황 상황에서 항상 새로 고민해본다는 게 자기 소신이 없으면 기회주의가 되는 거고, 관통하는 일관된 소신이 있으면 남들이 볼 때 일관된 발자국이 찍히는 거겠죠. 그러면 다른 사람들이 결과로 판단해줄 거라고 생각합니다.

부정이나 비난을 통해서는
개선할 수 없어요

지 "우리가 우리 목소리를 낼 수 있고 단결할 수 있다면 그 어떤 극우 보수 정권이 들어서도 목표를 이룰 수 있을 것이고, 아무리 진보적인 정권이 들어서도 자기 한 사람 활동하는 것에 대한 이익이나 거기에 영합하는 따위의 생각을 가지고 있다면 아무것도 찾아 먹지 못할 것이다"라고 하셨는데, 음악계의 문제는 무엇이라고 보십니까?

신 음악계에서 최근으로 들어오면 올수록 결여되는 건 이것을 일평생의 업으로 하겠다는 직업관들이 사라지고 있는 거예요. 글쎄 어떻게 보면 아마추어리즘하고 프로페셔널리즘의 중간에 있는 '몰라 난 이게 좋아서 하는 것일 뿐이다'라고 하는 게 나쁜 건 아닌데, 메이저가 되고 나서는 인식을 다시 하고 그래야 하는데, 우리나라 대중음악가들의 수명이 점점 짧아지고 있잖아요. 그런 현상하고 맞물려 있어요. 여기 남아서 10년 후에 뭔가를 바꾼다는 것은 얘네한테 완전히 뜬구름 잡는 얘기예요. 그러다 보니 현실과 싸우기보다는 현실 안에서 얻을 것 빨리 얻고 사라지는 방법을 택하는 거죠. 그러니 당연히 문제가 생기죠.

지 대형기획사가 지배하는 방송계 시스템에도 문제가 있는 것 같은데요.
신 제가 볼 때는 총체적 난국이에요. 스타든 뮤지션이든 이것 역시 대중이라는 풀 전체에서 등장하는 거잖아요. 그러다 보니 대중이 가진 문제가 그대로 반영되는 거죠. 현재 대중의 주력이 우리나라 라디오에서 팝 프로그램이 끊어진 이후에 등장한 세대잖아요. 가요를 들으면서 성장한 세력들이고, 어차피 우리가 듣는 음악이 영미 팝음악 복제의 한계를 현재까지도 가지고 있는데, 그러다 보니 요즘 세대는 복제에 대한 복제를 행하는 세대가 되어버리는 거죠. 이들 가운데서 프로뮤지션이 태어나다 보니 문제가 심각해질 수밖에 없어요. 어디 한군데로 지적이 쏠리는 태도에 대해서 저는 거부감을 표시하기 때문에 그 말을 비틀어서 악의적으로도 사용하고, 제가 말하는 게 무슨 말인지 못 알아듣기도 하는데, 그렇기 때문에 댄스뮤직이든 가요계에 나타나는 일부 현상을 비난하는 것은 문제의식에 대한 제기는 될 수 있을지 몰라도 해결은 될 수 없다는 얘기죠. 사실은 국가 전체의 시스템 문제고, 더 거창하게 끌고 올라가면 패러다임 자체에 문제가 있는 겁니다.

지 그런 부분에 대해 인터뷰를 한다든가 하면 맥락이 왜곡되는 경우가 많죠?
신 대단히 많죠.

지 그렇게 왜곡이 된 글에서 또 일부 단락만을 끌어다 인용하면 또 오해의 소지가 있을 수 있는데요. 그런 것을 글로 쓰고 싶은 생각은 없습니까?
신 책을 써서 사람들에게 알리면 좀 더 섬세하게 알릴 수 있겠지만, 그런 차원의 문제보다 좀 더 나아가 있는 문제라고 생각합니다. 이건 기본적으로 나 한 사람이 설득한다고 되는 게 아니고요. 시스템을 바꿔나가고 설정하는 문제에 긴 싸움을 설정하고 준비해나가야 하는 거죠. 지금 당장 사람들에게 떠들어봐야 '네가 무슨 말을 해도 나는 비틀어 듣겠다'는 사람들도 있을 수 있고요. 변명하거나 자세히 부연 설명하는 데 쓰는 그 시간을 다른 생산적인 일을 위해 쓰는 게 낫다고 생각해요. 제 일관된 지론이 있다면, 부정을 통한 에너지나 비난을 통해서는 개선되지 않는다는 거거든요. 립싱크 얘기가 나오면 라이브에 관객이 몰려야 해결이 되는 거고요. 댄스뮤직 얘기가 나오면 댄스뮤직을 죽여야 하는 게 아니라 다른 장르를 활성화시켜야 하는 문제라고 생각합니다. 텔레비전이 권력을 가지고 있다고 생각하면 텔레비전의 음악프로그램을 없애야 하는 것이 아니라, 공연장에 사람들이 찾아와줘야 하는 거죠.

자신들의 정체성을 선언하고
놀이문화를 만들어가는 순간 문화가 만들어집니다

지 사회문제에 대해 굉장히 해박하신데, 책을 많이 읽으십니까?

신 별로 해박하지 않은 것 같아요.(웃음) 그냥 살아온 경험 자체가 깊이는 모자라지만, 폭만큼은 대단히 버라이어티한 삶을 살 수 있는 환경에서 살았던 것, 그게 제가 뮤지션으로 가진 행운이라고 생각하거든요. 경제적 환경도 그랬고, 이념의 좌우폭으로도 참 엉뚱한 사람을 많이 만났고, 왼쪽이든 오른쪽이든 극단적인 사람들을 만났어요. 세대도 그렇고, 아주 여러 가지예요.

지 옛날에 무라카미 류와의 대담에서 "대학 다닐 때까지는 모범생이었다"고 하셨는데요.

신 그것도 정리과정에서 많이 이상해진 거 아닌가요?(웃음) 중학교 때까지는 모범생이었죠. 제 대학 생활이야 얼룩덜룩하죠.

지 사회문제에 대해 특별히 관심을 가지게 된 계기는 무엇입니까? 언뜻 말씀하셨듯이 무용과 학생들도 돌 던지던 때니까 자연스럽기도 하겠지만.(웃음)

신 언뜻 드는 생각이 저는 많이 개량되어왔어요. 제가 타고난 사고의 틀과 지금 사고를 생각해보면 거의 다른 사람이라고 부를 수 있을 정도로 많이 바뀌었거든요. 기본적으로 남성우월론자고, 남존여비사상에다가 우익민족주의자고, 지역차별에서 영남파에, 이런 것들이었을 거예요. 청소년기의 제 모습이란 게. 그런데 살면서 하나하나 깨닫게 되는 것 같아요. 저는 스스로를 개량된 마초라는 부르는데(웃음), 마초가 한 바퀴 돌아서 끝까지 가면 이렇게 된다고 말하는데, 동기들이 너무 단순한 게 우리 엄마나 누나를 생각하면 마초로만 살 수 없는 거고, 세상을 살아오면서 들은 수많은 허구와 구라들을 생각하면 지역감정에 동의할 수 없는 거죠.

저는 초등학교 때 박통(박정희 대통령) 죽었을 때 학교 가서 울었어요. 우리나라 망하는 줄 알고. 제 주위에 그런 사람 많았어요. 박통이 가랑잎 타고 가서 북한을 무찌르는 줄 알았던 그런 세대라고요.(웃음) 그런데 자라고 공부하면서 박통이 이 나라에 무슨 일을 했나를 다시 보게 되잖아요. '에이 이런 사람이었단 말이야'라고 알게 되는 거죠. 제가 유세장 다니면서 '어르신들을 포기하지 말자'고 이야기합니다.(웃음) 아무리 그들이 수구반동이나 지역감정을 부추길지언정 돌아가시기 전날 밤 '내 생각이 잘못된 것이었다'고 이야기할 수 있도록, 젊은 사람들이 오히려 그분들 생각을 바꾸도록 노력하고, 젊은 사람들이 경멸하거나 가르치려 들지 말고, 정보조작이라든가 이런 것들에 희생당한 그분들에게 먼저 손을 내밀고 뺨을 부비며 그게 아니라고 이야기할 수 있어야 한다. 그렇지 않고 젊은 사람들이 이 나라 노땅들 다 죽어야 이 나라가 제대로 된다는 이야기를 뱉는 순간, 우리 역시 그들 모습의 복제일뿐이거든요. 그러기 위해서는 내 가정부터 실천하자는 거고요.(웃음)

저 역시 우리 엄마 아버지가 〈조선일보〉에 나온 이야기를 답습할 때 '에이 나이가 드셔서 안 되는구나' 하고 답답한 마음이 든 적이 있어요. 그런데 생각해보면 대화가 없었어요. 아버지를 끌어안고 뺨을 부벼보고, 세상 사는 이야기를 하면서 설득을 해보니까 말이 되더라고요. 아버지도 이제는 아시고, 요즘은 〈조선일보〉가 무슨 얘기를 하면 그걸 보고 씩 웃어요. 니들이 무슨 얘기하는지 안다는 식으로.

지 "밖에서 보니 음악뿐만 아니라 한국 문화 전반의 많은 문제가 보였다"고 했는데, 어떤 문제가 있습니까? "천민부르주아적 정서가 지배하고 있고, 소수의 문화가 설 자리가 없다"고 하셨는데요.

신 글쎄요. 몇 가지 간략하게 생각나는 현상은 전반적으로 생기는 제반적인 문제를 자꾸만 남의 탓으로 돌립니다. 자기 진영이나 자기 계급의 문제를 먼저 성찰하거나 반성하려는 움직임이 없어요. 가령 록을 하는 친구들 만나서, 댄스뮤직이 집권 이후에 정치 생명이 다 끝났음에도 불구하고 계속 가고 있는 조선왕조 같은 그런 필드라면, 록 진영은 집권할 능력도 의향도 의욕도 없고 방법도 없이 비난만 하는 군소야당에 불과하다고 말해요. '록 스스로의 문제점은 무엇인가? 왜 대중을 끌어들이지 못하는가? 이런 것들을 검토해본 적이 있냐? 홍대 클럽에서 15명을 울고불고하게 열광시켜 돌려보내지 못하면서 텔레비전에 나가 수많은 시청자를 열광시킬 수 있다고 생각하는 거냐? 텔레비전에 안 나간다면 수백만을 어떻게 상대할 거냐?' 이런 얘기죠. 중산층이든 서민층이든 부자들 욕을 열라 하면서 자신들 계급의 문제는 성찰하는 것 같지 않아요.

그다음에 욕은 열나게 하면서도 윗계급으로 올라가고 싶어 하는 상향의지가 너무나 강하고, 자기가 속한 계급에 대한 애정이 전혀 없어요. 아주 난처해 보이는 지점이거든요. 저 같은 경우에는 서울 강북지역 출신이라는 정서가 평생 따라올 수 있다고 생각해요. 만약 프랑스 레스토랑에서 우아하게 나이프를 잡는 법을 배우고 싶다고 생각한다면, 거기에 무엇이 있나 하는 호기심 때문인 거죠. 기본적으로 저는 떡볶이를 포크로 찍어 먹는 정서고, 거기서 우아를 떨겠다고 생각하는 순간 사람들이 그걸 읽는 거거든요. 그런 꼴 보기 싫은 경우가 얼마나 많아요? 촌놈이 스타됐다고 우아떨다가 날라가는 경우도 많고.

영국에서 공부할 때 느낀 점은 노동자 계급이 윗계급으로의 전향에 대한 열망이 우리처럼 크지 않다는 거였어요. 소속계급에 대한 자긍심 같은 것들이 있고, 그렇기 때문에 그 자리에서 문화가 만들어지는 거고요. '앞으로 내가 이 계급에 남아 있을 거고, 내 자식도 그럴 가능성이 높다. 하지만 우리는 부끄러울 게 없다.' 이런 식으로 자신들의 정체성을 선언하고 놀이문화를 만들어가는 순간 문화가 만들어지죠. 돈 좀 벌었다고 예술의 전당 가서 비싼 공연 본다고 문화가 되는 건 아니거든요.

트로트에 대해 제가 비판할 때, 트로트 자체를 비판하는 게 아니에요. 전통가요란 이름으로 엉뚱한 화관을 쓰려고 하지 말라는 거거든요. 한국전쟁 때 사람들이 울고불고 피난 가면서 〈굳세어라 금순아〉를 들었지, 언제 모차르트를 들었어요. 민중하고 함께 있어 가치를 지녔다는 것은 차치하더라도 애환을 달래줬다는 건 사실인데, 그것을 벗어던지고 대우를 받아야겠다고 생각하는 건 자신의 출신이나 토양에 대한 배신이죠.

대중이 문화를 대하는 태도를 말하는 겁니다

지 MP3 유통에 대해 지나치게 공격적인 말을 많이 하시는데요. 《THEATRE WITTGENSTEIN: Part 1-A MAN'S LIFE》 앨범에도 '이 앨범을 사지 않고 MP3 다운받는 씹새끼들'이라고 표현한다든지.

신 하하하.

지 "내가 지적하는 문제는 대중의 정신적인 태도다. 그들은 이미 기득권 집단이다. 자기 주머니에서 돈이 나가는 것이 싫어서 공짜로 다운받고자 하는 이익집단임에도 불구하고, 이를 문화운동으로 호도하려고 한다"는 다소 위험한(?) 발언도 하셨는데요.

신 제 논법 자체가 저의 이미지를 어떻게 하면 최상으로 올릴까를 목표로 두지 않기 때문에, 제 논법은 흰색을 강조하기 위해서는 주위에 까만색을 칠하면 흰색이 더 부각될 수 있다는 거거든요. 예의상으로는 주먹으로 한 대 쳐야 맞는데, 외투가 너무 두껍다면 망치로 때려버리는 거죠. 욕먹더라도 망치로 때려야 주먹으로 때리는 효과가 나타난다는 거고, 그래서 적들에게(?) 많은 빌미를 제공하기도 하는 거죠.(웃음)

MP3 사태에 있어서 사실은 저는 앨범이 팔리지 않게 되는 시기, 그리고 대중음악가에게 앨범이 주소득원에서 떨어져나가는 시기를 보고 있었어요. 《THEATRE WITTGENSTEIN: Part 1-A MAN'S LIFE》 앨범이 가진 의미 중 하나가 그런 건데, 제가 300만 원을 들여서 홈레코딩 장비를 사용해 어느 정도 퀄리티를 올릴 수 있는지 실험한 거거든요. 사실 저는 앨범이 안 팔려도 대비할 준비가 이미 되어있어요. 다른 뮤지션들에게도 대비하라고 하고 있고요. 돈이 들어오고 안 들어오고를 떠나서 대중이 문화를 대하는 태도에 예전부터 문제가 있었어요. 마치 환갑잔치에 가수 하나 불러서 '어이 노래해봐'라는 고압적인 태도를 유지한다는 말이에요. 그렇기 때문에 심지어는 '빠돌이나 빠순이'라고 비난하는 행태 중에는 무조건적인 휩쓸림을 경계하자는 뜻도 있겠지만, 자신이 좋아하는 아티스트에 대한 추종이나 이런 것들이 선진문화국에서도 일어나는 현상임에도 불구하고, 그런 것 자체가 보기 싫은 거거든요. 끝까지 뒷짐 지고서 '야 노래 한번 불러봐' 이런 태도를 유지하고 싶은 거지. 그러니 MP3에서 나타난 현상 이전에 대중 스스로가 반성을 해보자는 겁니다.

외국 같으면 길거리 악사가 바이올린을 연주하면서 모자를 놨을 때, 그 사람들은 강요받지 않더라도 음악을 들었으면 '동전 하나 놔야 하지 않나'라고 생각하는 사람들이고, 우리 대중은 '공연장도 아니고 입장료가 있는 것도 아닌데 내가 돈을 왜 내'라는 태도를 보여요. 이게 MP3 유통과 똑같은 상황이라고 생각해요. 이게 그 뮤지션이 그 모자의 돈을 모아서 수억짜리 바이올린을 산다면 몰라도, 당장 그 돈으로 빵을 사야만 내일 이 자리에 바이올린을 켜러 나올 수 있다면 그 동전은 그에게 대단히 중요한 의미를 가진다는 겁니다.

아티스트들이 공연에서의 수입을 가질 수 없고, 음악의 형태가 바뀌면서 밤무대를 뛸 수 없는 폼의 음악을 하는 사람들에게는 앨범이 유일한 수입원이잖아요. 그걸 끊으면서 마음만은 남겨줬으면 좋겠는데 '미안하다. 돈이 없어 살 수 없다', '미안하다. 컴퓨터로 수만 곡을 다운받을 수 있는데, 왜 사냐'라고 말해주면 그래도 문제가 없겠는데요. '야, 우리가 너네 PR해주는데 고마워해야 되는 거 아냐?'라는 논리라든가, 갑자기 P2P 얘기가 나오면서 P2P가 MP3 교환하라고 나온 기술이 아닌데, 그리고 엉뚱하게 기술이니 진보니 떠드는 사람 중에서 P2P가 이걸 위한 방식으로 생각하는 사람들이 있어요.

사실 P2P는 분산컴퓨팅의 미래에 대한 것과 연관이 되어있는 방식 아닙니까? 그러면 누가 옳으냐 그르냐에서 우중愚衆으로 간다는 말이에요. 자신들에게 유리한 정보는 진실이라고 확신하고, 자신들에게 불리한 정보는 흘려보낸단 말이죠. P2P 자체가 개인과 개인의 사적인 교환이라고 보는 것은 옳다 그르다를 떠나서, 심정적으로 자기네가 옳다는 걸 주장하기 위해서 사태를 호도할 가능성이 있어요. 이렇게 되면 인터넷의 미래는 없다고 보는 거죠. 자신의 컴퓨터가 서버가 되면 그날 밤에 수천 명이 와서 받아갈 텐데, '아는 사람이냐, 친구냐?' 이건 불특정 다수잖아요. 그러면 사실은 불특정 다수에게 배포되는 거고, 이를 인정해야 대화가 되는데, 끝까지 사적이라는 거예요.(웃음) 그러면 앞으로 못 나가잖아요. 답답한 거죠.

지 대중의 태도에 대한 문제에는 동의하는데요. MP3 유통이 반짝 가수의 설자리를 없애는 긍정적인 효과도 있다는 얘기도 있습니다.

신 어휴, 반짝 가수들은 아무리 MP3 다운받아도 판 팔려요. 무슨 소립니까? MP3가 처음 나오기 시작했을 때도 H.O.T. 팬들은 판을 샀어요. 왜냐하면 교실에서 정품을 안 가지고 있으면 쪽팔리니까. 그러나 앨범을 구매함으로써 아티스트와의 거리가 좁혀지는 느낌을 주지 못하는 비아이돌계, 아티스트 진영의 판을 사는 사람들이 MP3를 다운받아요. 앨범의 부클릿booklet이나 오빠들 사진에 대한 열망이 필요 없는 아티스트 진영의 사람들이 MP3를 다운받습니다. 그렇기 때문에 이 나라의 마니아가 문제가 있는 거예요. 마니아들이 그걸 다운받았다고 해서 문제가 되는 건 아니겠지만, 다운받고 나서 '이게 왜 죄야?'라고 하는 순간 죄가 되는 거거든요.

비주류 음악들이나, 인디음악, 언더그라운드라는 호칭을 감히 쓸 수 있는 그런 음악들을 마니아 집단들이 런던의 클럽 씬에서 지탱해나가는 것을 보면 감동적이거든요. 정말 인디 씬에 들어서서 메이저로 진출할 가능성을 가지고 뛰고 있는 인디밴드들은 천 명만 지지해주고 판 사주면 10년 버텨요.(웃음) 기타 줄 값만 대주면 된단 말이에요. 그걸 안 해주면서 큰소리만 치니까 화가 나는 거죠.

지 진보 진영이나 마니아 진영의 문제 중에는 적을 가까운 데서 찾는 것도 있는 것 같은데요. 먼 데 있는 사람들에게는 '쟤네들은 어차피 우리와 달라'라고 얘기하면서 구체적인 비난은 가까운 데서 하는 것 같아요.

신 비난하는 심정은 이해가 되는데요. 그렇다면 너네가 비난하는 에너지의 십분의 일, 백분의 일이라도 지지하는 뮤지션을 밝혀다오, 너네가 찾아간 공연장 이름을 밝혀다오, 이러는 건데. 그렇지 않은 것 같으니까 화가 나는 거죠.

세월에 우리가 마모되는 것을
조심해야 해요

지 자기 정체성을 잃어버린 요즘 젊은이들의 세태도 비난하시는데요. "그들은 핑계만 댄다. 순수한 열정이 있다가도 뭐든지 군대 갔다 오면, 시집가면, 이런 식으로 미루다가 그때가 되면 어떻게든 말단의 꼬리라도 잡고 기존 사회에 편입되려고 노력한다"면서 "그쪽을 향해 달려가는 놀랍도록 빠른 그 변절의 속도, 뒤도 돌아보지 않는 태도, 순수했던 모습에 대한 자기 환멸, 그리고 얼른 기성세대 쪽으로 돌아서서 반대편에 대고 설교를 늘어놓는, 그 일련의 과정이 너무 자연스럽다"는 비판을 하기도 했습니다. 기성세대에 대해 욕하면서도 사실은 그들과 비슷한 행동을 하면서 자기들은 쿨하다는 착각을 하는 젊은 세대에 대한 비난인가요?

신 사실 보수기득권 집단에 편입되거나, 거기 편입되려고 아등바등하는 행태로 바뀌는 것을 보면 비난보다는 안타까움이랄까, 슬픔이랄까, 연민이랄까 그런 생각이 듭니다. 저 역시 자유롭지 못해요. 어떻게 보면 누구도 자유로울 수 없죠. 하지만 그러고 나서 입에서 욕이 튀어나오는 순간 미운 거예요. 기득권의 편이 되었을 뿐만 아니라, 그들의 스피커가 되어서 예전의 자기 모습에 대해서 '옛날에 왜 그랬는지 모르겠다'라는 식의 자해의 말을 던지는 모습들이 보기 싫은 거고, '야, 이 자식들아 웃기지 마라. 그땐 다 그런 거다'라고 말하는 이런 자식들이 꼴 보기 싫은 거죠.

얼마 전 〈노무현 라디오〉 진행하면서 평펑 운 사건이 있는데요. 그게 항상 궁금했어요. '마음속 한쪽에 칼들은 숨기고 사는 거냐?' 언젠가 때가 되었을 때 386부터 시작해서 20대, 40대가 모두 몰려나올 수 있는 건지, 아니면 완전히 녹아들어가서 형체도 없어진 건지. 그런데 거기서 희망을 봤단 말이죠. 화장실에 들어가서 스티커를 붙이는 동료를 보면서 저는 희망을 봤어요. 선거 유세를 하는 길거리나 이런 데서 갓난아이들을 데리고 나온 엄마 아빠들과의 대화가 너무나 상쾌했습니다. 아이를 제대로 키우겠다는 준비가 되어있더라고요. 귀여운 운동권 부부들 보면(웃음), 직장생활하면서 사회에 편입되었는데 아직도 카랑카랑한 성질들 있고, 아내가 남편과 동반자적인 입장에서 정치적 견해를 나누고, 그런 부모의 공평한 모습들을 애들한테 보이고, 이런 새로운 모습들의 가정들을 봤는데요. 솔직히 40대에서는 많이 못 봤어요. 30대의 이런 가정들을 보면서 감동이 오더라고요. 새로운 개념의 한국형 가정들이 나오고 있다는 생각이 들더군요.

지 아이들에게 강요하기보다는 그런 분위기를 느끼면서 스스로 생각하게 만들자는 거잖아요.

신 그렇죠.

지 그런데 어떤 사람들은 '아이까지 이용해서, 아이를 볼모로 …' 이따위 말들을 하거든요. 개인적으로 그런 얘기 들으면 화가 나더라고요.

신 그거는 자기들 얘기지.(웃음) 그 아이들한테 자기들이 던진 멘트를 생각해보시라고요. '대학 못 가면 낙오자다' '죽는다. 남을 밟고 일어서라'라면서 지역감정 가르치고, 이 세상은 상스러운 원리로 구성된 천박한 세상이며, 어릴 때부터 굴복과 굴종을 가르친 그런 사람들이 자녀에게 의지와 자신들의 시각을 가르치려고 하는 청년들을 비난하는 것은 개그도 아니죠. 그래도 웃어야지 어쩌겠습니까? 뭐라고 하겠어요.

지 웃어야 하는데, 절박한 부분이 있다 보니까 솔직히 때려주고 싶은 생각이 들 때도 있어요.(웃음)

신 하하하. 그래도 웃어야죠. 웃지 않고 너무 화를 내면 집니다. 저는 한편으로는 뭐라고 생각하냐면 이런 것을 싸움이라고 규정짓고 싶지 않지만, 이게 싸움이라면 무조건 우리가 이긴다고 생각해요. 왜냐하면 세월이 우리 편이기 때문에. 우리의 가장 큰 적은 우리가 얘기하는 그들이 아니라 그들의 모습과 닮아가게 되는 것이 가장 큰 적이기 때문에, 세월에 의해서 우리가 닳아지고 마모되는 것을 조심해야 해요. 그 사람들은 가만히 놔둬도 사멸하게 되어있어요. 이번에 이회창이 이겨서 수구반동이 돌아와도, 10년 20년 고생할 거라고 생각하는 분들에게는 동의하지만, 그렇다 그래도 또 이깁니다.(웃음) 그렇다 그래도 결국은 이겨요. 단지 승리를 앞당기고 싶은 거죠.

저는 음악을 너무 사랑합니다

지 현실정치에 뛰어들 생각은 없나요?

신 그러느니 63빌딩에서 뛰어내린다는 말을 여러 번 한 것 같은데요.(웃음)

지 능력 있고, 젊은 사람들이 정치에 많이 참여하는 것도 바람직할 것 같은데요.

신 첫 번째 이유는 제가 현실정치와 거리를 두고 싶은 면도 있고요. 현실정치에 대한 환멸도 있고 여러 가지가 있겠지만, 저는 지금이 짧게나마 제 인생 중에서 정치판과 가장 근접한 몇 주간을 보내고 있는데요. 그 속에서 희망과 절망을 동시에 봤어요. 노무현 후보가 된다 싶으니까 우루루 몰리는 정치꾼 같은 사람들도 많이 만났고, '어, 정치판에도 이런 사람이 있구나' 싶게 눈동자가 빛나는 사람들도 발견했어요. 우리나라, 우리 사회에 비리나 부조리가 없는 바닥은 어디에도 없죠. 사람 사는 곳에는 다 있는데, 그 안에 좋은 놈 나쁜 놈 다 있게 마련인데, 정치판 바닥은 전부 더러울 거라고 생각한 제게도 문제가 있었던 거겠죠. 그렇지만 어쨌든. 참, 우리 누나와 엄마의 히트 멘트가 있어요. '안 그래도 구질구질한 연예계 바닥에 아들내미가 나가 있는 것도 속상한데, 거기다가 정치까지. 그러면 우리나라에서 가장 지저분한 두 바닥에 양다리를 걸치는 건데, 도대체 네 인생이 뭐냐?'는 거예요. 이 멘트 죽이지 않아요?(웃음)

어쨌거나 정치를 할 수 없는 두 번째 이유는요. 유세 때문에 19일까지 모든 스케줄을 접고 있는데, 며칠 전에 오랜만에 공연을 하나 했어요. 〈양심수를 위한 시와 음악의 밤〉 공연이었는데, 세 곡을 하고 내려왔거든요. 그거 하고 나니까 몇 주간 쌓여있던 울분과 스트레스가 다 날아가더라고요. 무대에서 공연하다 보면 항상 느끼는 건데, 나는 이 일을 정말 좋아하고 사랑해요. 정치를 싫어해서 안 하는 것도 있겠지만, 음악을 너무 사랑해요. 여기서 느끼는 행복의 천분의 일이라도 느낄 수 있으면 고려는 해보겠는데, 천분의 일 만분의 일도 안 되고, 거기서 얻을 수 있는 기쁨이라는 게. 제가 사실은 도움이 될 거라는 뜻에서 한다기보다는 보속과 사죄의 의미가 강한 거거든요. 〈딴지일보〉 인터뷰에서 보셨겠지만, 이번에 나섰다고 해서 사죄의 마음이 갚아졌다는 마음이 들 것 같지는 않지만, 천분의 일이라도 갚고 싶어요.

지 "선진국이라는 게 뭔가 했더니 마음의 여유를 봤을 때 선진국이더라. 돈의 빈익빈 부익부가 무서운 게 아니라, 여유의 빈익빈 부익부가 더 무섭다"는 말씀을 하셨는데요. 한국 사회의 어떤 점이 삶의 여유를 못 가지게 한다고 생각하십니까?

신 돈이나 물질적인 풍요 이전에 정신적인 가치에 대해서 이야기하는 것은, 돈의 가치를 몰라서가 아니거든요. 오히려 돈이 너무너무 무서운 걸 알기 때문에 그러는 거죠. 돈 진짜 무서워요. 돈이 사람을 세련되게 만들고, 여유를 만들고, 마음의 풍요를 만든다니까요. 그걸 보는 심정은 기절할 것 같아요.

그리고 돈이 올바름을 만들기도 하거든요. 그걸 보면 돌아버린다니까요. 당장 먹고살기 급급하지 않기 때문에 올바른 것을 택할 수 있고, 당장 자기 식구들이 굶고 피눈물 나는 것을 안 보기 때문에 소신을 지킬 수 있는 거거든요. 소신을 지킨다는 것은 어려운 상황에서도 지킬 수 있어야 소신이고, 시험에 안 든 소신을 소신이라고 부를 수 있을지 모르겠지만, 평생 시험에 들지 않는 환경에서 끝까지 사는 사람들도 있을 수 있죠.

그럼 어떻게 하겠냐고요. 그러니까 돈이 좀 있는 부모, 자식의 밥줄까지 보장해줄 수 있는 재산이 있는 사람은 자녀가 가장 행복한 일로 인간으로서의 존엄을 지키며 살 수 있었으면 좋겠다고 생각하고, 당장 눈앞에 밥이 안 들어오는 사람들은 짜증과 한탄과 울분을 자식에게 토해 내고 자식은 그 이야기를 들으면서 자라고, 참 슬픈 거죠.

록이 변방으로 밀려나 있다는 게 얼마나 슬퍼요

지 아이돌 스타들에 대한 생각은 어떠십니까? 오히려 록 진영의 분발을 촉구하는 경우가 많았던 것 같은데요. 예전에 어느 인터뷰에서 "주류 연예기획사들이 대중음악판을 망친 원인이라는 것에 동의하지 않는다. 아이돌 쪽은 더 이상 정권을 유지할 능력도 없고, 수명도 끝났는데, 아직도 버티고 있다. 그 이유는 록 진영의 수권 능력이 없는 거다. 클럽에서 30명도 거품 흘리면서 미치게 할 능력이 없는 사람들이 텔레비전에서 천만 시청자들을 휘두를 수 있겠는가?"라고 하셨는데, 밴드들은 그 말에 서운한 감정을 드러내기도 했습니다. 요즘 유행하는 말로(?) 야박하게 얘기한 거 아니냐는 생각을 하는 사람들도 있는데요.

신 서운해하는 친구들도 있을 거고, 말 잘했다고 할 친구들도 있을 겁니다. 메이저 기획사에서 벌어지는 비리나 더러운 꼴들이 인디에도 없는 게 아니거든요. 다만 액수가 적은 거죠.(웃음) 이런 얘기하면 동생들은 '밖에 나가서 그런 얘기 왜 하냐?'고 하겠지만, 내부적으로는 다 알고 있는 사실입니다. 그렇게 해서 대충 덮어놓고 간다고 해결될 문제가 아니라 까발리고 앞으로 나아가야 한다는 겁니다. 그리고 어떤 클럽에서 관객들을 사로잡는 문제 이런 것 외에도 시스템을 만드는 문제, 이런 것에서도 정치적인 대응이 너무 약하다는 거예요. 정치라는 것이 현실정치를 말하는 것이 아니라 단합하고 의견을 수렴하는 이런 것들도 정치 행위 중 하나잖아요. 국회와 인디가 전혀 상관없는 것처럼 생각하지만, 클럽공연을 규제하는 법안들에 의해 얼마나 많은 고통을 받았냐고요. 말도 안 되는 법 때문에. 진짜로 영향을 받는다는 말입니다. 후진국에서 태어난 뮤지션들이 그렇게 룰루랄라할 수가 없어요. 자신들을 옭아매고 있는 독소가 뭔지 알아내고, 생각도 해야 하고 싸워야 한다는 거예요. 양놈들을 보면 10대들이 안방에서 레이블을 만들고 메이저 레이블들이랑 딜하고 이러면서 영악하게 싸운단 말입니다.

지금 상황에서는 '우리는 음악을 사랑하는 순수한 청년들이에요'라는 말이 안 통하는 세상이기 때문에, '우리는 음악을 사랑하는 순수한 청년들이에요' 하는 후배들이 나올 수 있도록 지금의 인디 세대들은 싸워야 합니다. 그 시간에 댄스뮤직 욕이나 하고 있어서는 안 된다는 거예요. 그리고 전략적인 부분들에서 너무 시야가 약해요. 먼저 필드를 형성해야 하거든요. 필드 대 필드끼리의 싸움이 되면 아이돌층과도 그렇게 얘기할 수 있을 텐데, 먼저 치고 나가는 놈 뒤에서 짱돌을 던져요. 체리필터가 히트를 치고 나니까 '드럼 찍어가지고 판 낸 애들' 이런 식으로 흠을 잡는다는 말이에요. 그게 중요한 게 아니거든요. 밴드폼이 히트를 내기 시작했다면 반가워해야 하는데.

지 가까운 데서 적을 찾는다는 거죠.

신 네. 사실 그게 웃긴다는 거죠.

지 그런 여러 가지가 합쳐져서 이런 결과가 나온 것 같은데요. 어느 신문사의 골든디스크 록음악 부분 인기투표에서 문희준 씨가 60퍼센트의 득표로 1위를 달리고 있는데요. 이런 현상에 대해서는 어떻게 생각하십니까? 록 마니아들은 기가 막힌다고 얘기하는데요.

신 하하하하. 제가 생각하는 몇 가지 방법은 일단 뮤지션들 스스로 해결할 수 있는 부분이 있고, 아닌 부분이 있거든요. 뮤지션이 해결하지 못하는 부분은 공연에 관한 인프라를 확립하는 문제, 이건 지방문화를 활성화하는 문제하고도 연결돼요. 제가 〈고스트 스테이션〉을 통해 간접적으로 선동을 했거든요. 자기

지역을 대표할 밴드가 없는 도시가 제대로 된 도시냐? 인디 씬은 홍대 씬을 중심으로 전국에 있는 밴드들이 상경하는 게 옳은 것은 아니에요. 부산의 록 씬이 활성화되어야 하고, 인천의 록 씬이 활성화되어야 하는 거죠.

지방 공연장이 인프라를 확립하고, 법령에서 공연에 관련된 부분에 대해 정부가 면세 조항을 늘려줘야 되고, 심지어는 실현될지 안 될지 모르겠지만 밴드 하는 애들의 치명적 약점이 밴드가 어느 정도 할 만하면 군대에 끌려간다는 거거든요. 댄스뮤직 하는 애들이 멤버를 교체했을 때의 타격에 비해 밴드는 그 타격이 훨씬 더 심해요. 군대 갔다 오면 감각이 쇠퇴하거든요. 황당한 법 같지만 1년에 100명 정도 티오를 줘서 인디에서 활동하는 뮤지션들을 국가관리 공연장의 공익요원으로 배치해 거기서 악기 관리하고, 연주할 수 있게 만들어줄 수 있어야 한다는 겁니다.

황당해 보이죠? 근데 이게 현실화되면 어떻게 하겠냐는 거예요. 실제로 이런 걸 현실화하기 위해 뛰고 있는 사람들이 있어요. 그런데 그 사람들은 인디 사람들이 아니란 말이에요. 인디 사람들은 그 바닥에 몰려있는 몇몇 사람들만 자기편이고, 아닌 사람들은 구박할 생각만 하고 있다고 생각하는 건 웃기는 얘기예요. 그런 피해의식이 심각해요. 이런 주위 환경들을 만들어나가서 젊은 뮤지션들이 해결할 수 없는 것들을 주위에서 해결해 줘야 하는 부분이 있겠죠.

그리고 젊은 뮤지션들이 해결해야 할 부분은 딱 하나예요. 공연장에 10명이 왔으면 울고불고 감동시켜서 돌려보내고, 그다음날에는 20명 40명으로 늘려나가야 해요. 홍대 씬이 살아나다가 왜 죽었냐 하면 '보수 매스컴이 권력을 가져서 홍대가 죽은 거냐?' 그렇게 말할 수 없어요. 디스코가 한창 날릴 때, 그때 록이 진정성으로 호소하지 않았어요. LA 메탈이니 이런 것들이 등장하고, 본조비가 등장하고, 여성들을 관객으로 끌어들이고, 어떻게 보면 록의 진정성이 희석되는 그런 현상이 나타났어요. 맞불 작전을 써서 한편으로는 디스코와 맞서면서 자리를 잡자, 이제 시애틀에서 너바나가 나오죠. '당신들 그동안 수고했네' 하면서.(웃음) 한방에 날아가잖아요.

지금 상황에서는 선정적이고 퇴폐적이고 대중을 자극할 수 있는 록도 필요하고, 텔레비전에 나가서 댄스뮤직과 경쟁할 수 있는 폼의 밴드도 필요해요. 또 한편 중요한 것은 나중에 미래를 대비할 수 있는 진정성이라든가 심각한 음악을 하는 친구들을 소수의 마니아와 공연장에서 인큐베이팅을 해서, 얘네들이 긴 세월을 버틸 수 있도록 보호하는 동시에, 한편으로는 맞불 작전으로 록이라는 것이 가진 대단한 스펙트럼을 무기로 삼고 있지 못하잖아요.

록밴드가 무대 나와서 액션 없이 반쯤 통기타 들어간 듯한 사운드로 멜로디 위주의 음악 따라가면서 가사 괜찮으면 진정한 록처럼 된 것이 언제부터 이렇게 되었어요? 내가 알기로는 기타를 빨리 쳐야 진정한 록이라고 생각하는 시절도 있었거든요.(웃음) 그놈의 진정성 논쟁 때문에 너무나 많은 것을 잃고 있다는 거죠. 그래서 싸움을 하게 된다면 메이저에 진출한 상업적인 록과 진정한 모습을 지키고 있는 록 내부에서 싸워야죠. 메이저 점령하고 난 다음에. 그리고 메이저를 점령한 이후의 록의 모습도 생각해봐야 해요. 이제 인디펜던트로 물러나 있는 록을 중흥시키고, 이것들이 제자리를 찾도록 하는 것이 1단계. 2단계는 그 팀들을 메이저로 진출시켜 메이저를 점령하게 만드는 거죠. 한번 메이저를 점령하면 록음악은 그 나라의 대중음악에서 중심 장르 역할을 하면서, 여타 다른 모든 장르의 중심에 서서 그 장르들의 중심세력으로서 세력을 유지하면서 진보의 방향을 설정해줄 수 있거든요. 외국의 록의 모습은 다 그렇고요.

록은 한 개의 장르를 뜻하는 게 아니란 말이에요. 비트가 강한 팝을 총칭하는 말이 되었죠. 그러니까 브리트니 스피어스가 M-TV에 나왔을 때 '퀸 오브 락'이라는 타이틀로 나왔거든요. 우리나라 같은 경우 엄정화가 그런 말을 했으면, 칼 갈고 난리가 났을 겁니다.(웃음) 그런데 미국 애들은 신경 안 써요. 여유가 있으니까 이제. 발라드가 1990년대를 휩쓸었지만, 지금도 사라지지 않았잖아요. 일정한 부분으로 자기 지분을 가지고 남는단 말이에요.

알앤비나 댄스뮤직도 앞으로 그렇게 될 거예요. 록도 메이저를 한번 휩쓸게 되면 그다음에 어떤 장르가 중심이 되더라도 일정 지분을 가지고, 그 나라의 중심으로 자리 잡을 수 있어요. 지금처럼 변방이 아니라. 록이 변방으로 밀려나 있다는 게 얼마나 슬퍼요. 그런데 이런 작업을 진행하는 것이 만만찮아요. 인디 음악들을 한 사이트에 모아서 스트리밍 서비스를 제공하고, 유료 다운로드 서비스를 제공하는 사이트를 2년 정도 전부터 준비했는데, 아직도 완전히 현실화하지 못했거든요.

지 "스타에게 실어주는 힘은 남한테 위탁받은 힘이고, 평범한 사람들이 말하는 것보다 사람들이 한 번 더 뒤돌아볼 수 있는 힘을 갖는다면 이걸 어떤 기회에 어떤 용도로 사용할 것인지 고민해봐야 한다"고 하신 적이 있는데요. 그런 고민으로 누구 말처럼 앵벌이처럼 희망돼지 하나 들고 지지유세를 하고 계신 거 아닙니까? 그렇다면 그 힘으로 수구세력을 지지하는 스타들에게 하고 싶은 말은 없으신가요? 종자가 다르긴 하지만(웃음), 그쪽이 수가 많은 건 사실인데요.

신 하하하. 그 종자론 불편한 건데(웃음), 사실 좀 오버할 수 있는 유세현장에서 명계남 씨가 한 말이고요. 한나라당을 지지하는 사람들도 자신의 소신과 신념에 의해 지지한다고 믿고 싶어요. 어쩌겠습니까?

지 "말하는 사람의 의도보다는 형식적으로 위선을 떨고 기본적인 예절을 지킬 것을 요구하는 우리 사회나 방송계 풍토에 내가 개인적으로 도전하는 것이 아니라, 청취자들이 합심해서 도전하는 셈이다. 이런 현상에 대해서 급하게 생각하지 않는다. 우리는 바퀴벌레처럼 살아남아 우리 사회에서 암약할 것이다"라는 말이 재미있었는데요. 도덕을 지나치게 강조하는 사람은 경계해야 한다고 하셨는데, 어떤 점에서 그런가요?

신 경험으로 느낀 거죠. 지나치게 선명성에 목소리를 높이는 사람들은 이상한 결과를 빚는 경우가 많았어요. 오히려 음악도 마찬가지인 것 같아요. 인디나 언더그라운드에서도 록의 진정성, 선명성을 맨날 얘기하는 사람들 보면 음악을 위해서라기보다는 본인의 콤플렉스에서 비롯된 경우가 대단히 많은 것 같아요. 사회에 나와서도 도덕을 지나치게 강조하는 사람들은 구린 데를 감추기 위해서 그러는 경우도 많은 것 같고, 유연하지 못하다는 것은 21세기에서는 죄악이죠. 입체적인 사고방식이나 유연한 사고방식이라는 게, 어차피 우리가 사는 사회가 다가치를 지향하는 사회로 갈 수밖에 없지 않습니까? 그렇다면 옛날처럼 흑백 두 개의 팩터만 있는 사회를 살고 있지 않으니까 여러 가지 팩터를 조합하고 그 안에서 자기 결론을 도출해낼 수 있어야 하는데, 그런 능력을 가지지 못한 사람들이 그 시대에 적응 못 하는 건 괜찮은데, 옛날의 가치를 가지고 목소리를 높이면 남들에게 피해가 가죠.

행복한 마음으로 기타를 잡을 수 있다면 저는 행복합니다

지 가사가 철학적인 게 많은데, 어떻게 만드십니까?
신 녹음실 가서 만들어진 멜로디에 글자수를 맞춰서 만듭니다. 기본적인 것을 지키려고 노력하고요. 죽은 단어를 사용하지 않으려고 노력합니다.

지 지난 《THEATRE WITTGENSTEIN: Part 1-A MAN'S LIFE》 앨범에서 〈수컷의 몰락〉 등의 노래로 가부장적인 한국 사회에서 스스로를 옭아매는 남성들에 관해 노래했습니다. '한국에서의 남자의 삶'이라는 부제로 나왔는데요. 앞으로 계속 이야기할 부분이 있습니까? "최근 몇 년간 가사에는 신경을 안 썼는데 이번에는 인상 좀 쓰고 만들 것 같습니다. 이제는 좀 할 말이 있어요. 폴리티컬한 이슈들이 될 겁니다"라는 말씀도 하셨는데요.

신 인터뷰에서 그동안 했던 이야기들을 음악으로 형상화하겠다는 거고요. 오히려 이번에 이런 이상한 일을 하게 됨으로써 아예 다음에는 '서정시를 써서 판을 낼까?' 하는 생각도 하고 있어요.(웃음) '아, 저 새끼 그쪽 판에 갔다 오더니 가사 이렇게 쓴다'는 소리 듣게 생겼어요. 자기가 생각하는 바가 있어서 쓰는 거라면 남들이 뭐라고 해도 상관없는데, 아주 타이밍이 우습게 되어버렸네요.

지 넥스트를 재결성한다고 들었습니다. 언제쯤 앨범을 내실 예정이며, 어떤 음악을 들려주실 겁니까? '지금까지의 음악은 습작에 불과하다'는 말씀까지 하셨는데요.

신 음악을 만들 때 이것을 함으로써 무슨 공부가 되겠는가가 최우선 목표가 되다 보니, 히트를 최우선 목표로 하지 않았다는 점이 그나마 다행이기는 한데. 그러다 보니 음악이 부담이 되고 스트레스가 되는 경우가 많아요. 불행히도 제가 하겠다고 생각하는 음악의 종류가 스케일이 큰 음악입니다. 영화로 따지면 16밀리 가지고도 좋은 영화 만들 수 있고, 드럼, 베이스, 기타만 가지고도 좋은 음악을 만들 수 있거든요. 그런데 저는 SF 대작 애니메이션을 만들겠다고 어릴 때부터 생각했단 말이에요. 그러다 보니 기술적인 지원이 필수가 되어버리더라고요. 한국이 레코딩 테크놀로지는 후진국이다 보니 일단 SFX를 어떻게 찍을 수 있느냐가 문제가 아니라, 내가 촬영한 필름이 현상에서 코스가 맞게 나올 수 있느냐를 걱정하면서 음악을 하니까 그 스트레스 때문에 아무것도 할 수 없는 거예요.

그러니까 1990년대 중반에 뚜껑이 열려버렸죠. '도저히 못 참겠다. 기술 공부부터 다시 해서 내가 무슨 생각을 하든지 현실화할 수 있다는 자신감이 들고, 기술에 자신이 붙어야 마음대로 생각을 하지, 기술에 의해서 상상력이 제한되면 문제가 있다'고 생각한 거죠. 1997년에 떠날 때도 그 공부가 가장 큰 목표였고요. 외국을 떠돌이로 돌아다니면서 생각이 여러 군데가 바뀌었어요. 글쎄 초심으로 돌아갔다고 해야 하나? 제가 제일 행복했을 때가 고등학교 때 애들하고 500원, 1000원씩 모아서 합주실 가서 1시간씩 연주했던 때거든요. 하지만 지금은 더 행복할 수 있는 게 나는 지금 내 걸 만들고 있으니까요.

행복한 마음으로 기타를 손에 잡을 수 있다면 나는 행복해질 수 있습니다. 그러기 위해서 몇 가지 요소들을 구성해봤죠. 제가 행복하게 음악을 하는 것 역시 중요한데, 첫째는 밴드폼이어야 한다. 저는 '솔로 가수로서 트로피를 타거나 사람들이 많이 알아보는 것만으로는 만족하지 못한다'는 거고요. 둘째는 그 밴드가 진짜 밴드로서 음악적인 아이디어가 교감되면서 제

2의 가정으로 인간적인 교감을 느낄 수 있는 그런 밴드여야 하고, 세 번째는 음악을 만드는 과정에서부터 행복해야지 결과물의 성과라든가, 남들의 칭찬에 연연해서는 안 된다고 생각합니다. 과정에서부터 즐거운 음악을 할 수 있어야 하고, 나 자신이 즐겁지 않은 과정에서 지나치게 스트레스를 받는 음악은 공부할 때나 하는 거지, 그것 가지고는 음악 발전이 안 된다는 말이거든요.

권투할 때 흑인들 보면 이상한 각도에서 펀치가 나오잖아요. 학습에 의한 게 아닌 몸에 완전히 밴 움직임이 나와요. 양놈들 보면 우리나라가 못 따라가는 게 그거잖아요. 얘네는 완전히 몸에 배서 기타하고 사람하고 하나처럼 움직이는 경우가 있어요. 특별히 잘 치지 않는데도 불구하고요. 근데 우리 같은 경우는 그게 안 된다는 거죠. 초울트라 슈퍼캡숑 테크닉으로 기타를 치는데, 기타하고 사람하고 따로 노는 거 많이 보거든요. 외국에서 공부하고자 하는 목표는 1-2년 살면서 그걸로 바뀌었어요. 기술이 아니라 자신의 삶과 자신의 실제 생활과 생각에서 음악이 툭 나오듯이, 옛날에 우리 할머니들이 변소간에서 애를 낳듯이 툭 나오는 그런 음악을 만들고 싶은 거죠.(웃음)

지 그룹을 하다 보면 인적인 충돌이나 외부적인 압력 등등 수백 가지의 문제가 있을 수 있다는 말씀을 하신 적이 있는데, 그럼에도 불구하고 또다시 넥스트를 결성하는 걸 보면 그룹 음악이 그만큼 매력이 있다는 뜻 같은데요. 어떤 점이 매력이 있습니까?

신 누가 한 말인지 잘 모르겠는데, '예술이라는 건 자기의 가슴이 처음 열리던 순간을 찾기 위해 떠나는 마음의 여행'이라는 말이 있어요. 아마 정확하지는 않을 겁니다. 그런데 많이 동감하는 말이에요. 저는 고등학교 때 밴드를 꿈꿨거든요. 이게 권투선수로 치면 혼자 한 방 치고 챔피언 벨트를 차면 꿈이 이뤄지는 건데, 야구 선수가 되면 몇 승 투수가 되는 것도 중요하지만 우리 팀이 우승하고 시리즈 우승 반지를 끼고 동료들과 헹가래를 치는 게 목표가 되죠. 저는 위대한 밴드의 일원이 되고 싶었지, 위대한 연예인이 되고 싶었던 적이 없었어요. 밴드 형태가 아닌 음악에서 얻었던 성과라는 것은 금방금방 감정도 죽고. 솔로 상태에서 얻었던 성과는 제 자신에게 그런 생각이 들어요, '밴드로 가기 위한 중간 과정을 또 하나 거쳤구나' 하는. 사실 제가 솔로 활동을 한 것은 15년 경력에서 2년이거든요. 그런데도 솔로 이미지를 많이 가지고 있는데, 그때도 항상 그런 생각을 했어요. 전략적으로 어떻게 하면 내가 밴드를 다시 구성할 수가 있을까 하는.

지 특별히 영향을 받았거나 좋아하거나 존경하는 가수가 있습니까?

신 첫 번째는 딥 퍼플이었고, 제 또래 세대가 거의 그렇듯이 레드 제플린, 블랙 사바스, 핑크 플로이드, 예스 같은 빅 네임을 가진 밴드들이었던 것 같고요. 그뒤에는 잡탕이에요. 뉴웨이브나 테크노에 영향을 받았고, 재즈 뮤지션들도 있고, 워낙 가리지 않고 들어요.

국내 뮤지션 중에는 조용필도 있고, 산울림, 사랑과 평화, 송골매, 작은 거인 이런 밴드들이 있죠. 고3 때 인연이 닿아 알게 되어 옆에 있으면서 부활과 가까이 지내게 되고, 시나위, 백두산, H_2O 이런 4인방들. 바로 옆에서 기타 보이로 따라다녔죠. 사실은 저희들 족보라는 게 데뷔는 대학가요제에서 했지만, 인디라는 게 없던 시절에 파고다 언더그라운드의 막내거든요. 파고다 메탈 언더그라운드라고 해야 될 것 같은데, 그 주력이 그 4인방이었고, 제가 막내였어요.

지 스스로 노래 못하는 가수라고 하신 걸 본 적이 있는데요. 뮤지션으로서 스스로를 어떻게 평가하십니까? 사실 가창력을 떠나서 신해철 아니면 그 노래 맛이 살지 않을 것 같은 노래가 많거든요.

신 하하하. 요 몇 년 사이에는 노래 잘한다는 얘기를 꽤 많이 들으니까 어색해요. '너 거짓말이지? 위로지?' 하고 반문하곤 하는데요.(웃음) 근데 옛날 노래를 지금 들으면 웃음이 나오기도 하는데, 보컬리스트라는 포지션이 대단히 경시되는 시대에 음악을 시작했죠. 저희 때는 밴드에서 보컬이라는 포지션이 밴드는 하고 싶은데, 악기는 다룰 줄 아는 게 없는 경우 깍두기로 끼워주는 게 보컬이었어요. 근데 저더러 자꾸 보컬을 하라는 거예요. '미쳤냐. 나는 기타를 친다. 내가 왜 보컬 따위를 해야 한단 말이냐?'라고 항변했죠.(웃음) 어릴 때 꿈도 밴드에서의 기타리스트였고, 그런 시절을 살았고, 믹스다운할 때 엔지니어랑 맨날 싸우는 게 목소리 줄이라는 거였거든요. 목소리는 악기의 하나라고 생각했고, 가수 소리 들으면 지금도 얼마나 섬찟섬찟한지 몰라요. 으으읔 가수. 그건 제가 가수보다 뮤지션이나 아티스트라고 잘난 척하는 게 아니라, 가수가 될 자격이 없다고 생각하기 때문이에요. 곡을 쓰든 안 쓰든 가수라고 불릴 수 있는 사람들은 따로 있잖아요. 머라이어 캐리가 꼭 곡을 써서 머라이어 캐리는 아니거든요. 타고난 싱어들에 대한 존경심 같은 것은 아직도 남아 있어요. 저 같은 경우는 제가 하는 음악에 보컬을 하면서 필요에 따라 하는 수 없이 노래가 늘어야만 했는데, 성량이 이것 가지고 안 되겠다 싶으면 성량 늘리고, 고음이 필요하면 고음 늘리고, 이런 식으로 음악을 했죠.

저는 밴드의 일원이자
리더임을 잊어본 적이 없어요

지 얼마 전 합헌판결을 받은 혼인빙자간음죄와 간통죄에 대해서는 어떻게 생각하십니까? 〈딴지일보〉 인터뷰를 보니까 옛날의 스타 정모 씨에 대한 기사를 예로 들어 〈딴지일보〉에 대해 비난을 하셨다고 하던데요.
신 혼빙간음의 일부는 남겨야 한다고 생각해요. 간통죄는 뭐라고 왈가왈부할 수가 없는 거죠.

지 개인적으로는 민감할 수밖에 없는 문제지만, 주위 사람들까지 그렇게 민감하게 받아들일 필요가 있나 하는 생각이 들 때도 있는데요.(웃음)
신 조선시대 때 향, 소, 부곡 등 천민집단이 거주하는 곳이 있잖아요. 사회적인 프레셔를 소수 집단에게 돌림으로써 나머지를 단결하게 만드는 효과를 노리는 거죠. 근데 우리나라에서는 연예인이 그 집단 구실을 한다는 말이에요. 그렇기 때문에 그런 것들이 대중에게 먹이를 던져주는 그런 쪽으로 쓰여서는 안 된다고 생각하는데, 더군다나 〈딴지일보〉 정도 되는 매체가 그런 작태를 해서는 안 된다고 생각했기 때문에 화를 낸 거죠. 만약 가판대에서 팔고 있는 옐로 페이퍼들이 그랬으면 그냥 웃고 넘어갔을 거예요. 그리고 같은 이야기지만 음악에 대해 분노하듯이 이야기하는 사람 중에서도 진짜로 음악에 대한 애정이 있어서 그렇게 얘기하는 거냐, 아니면 연예인 또는 뮤지션을 씹자고 하는 거냐는 구별해야 한다고 생각하기 때문에 그렇게 말하는 거죠.

지 〈말〉지와의 인터뷰에 나온 대로 '작가도 없고, 대본도 없이 그저 꼴리는 대로 진행하고, 방송국 측은 믿고 내버려둔다. 경어도, 존칭도 없다. 계절 타듯 한 번씩 방송하기 싫은 날은 그냥 튀어버리는' 이런 방송에 대중이 열광하는 이유가 무엇이라고 생각하십니까? 어떻게 보면 파격인데, 그게 허용되는 이유가 뭐라고 생각하십니까?

신 〈고스트 스테이션〉은 철저하게 약점을 공략하는 방법이 성공했던 거죠. 새벽 2시라는 불모의 시간대를 파고 들어간 작전이라든가, 그다음에 균형감각이라는 게 비어나 속어나 쌍마구리로 갈지언정 내용 자체는 따뜻한 시각이나 인간의 신뢰를 담고 있는 게 많아서. 저는 사실 위험한 부분이라든지 의외의 부분이 성공한 게 아니고, 마땅히 진작에 있어야 했던 것이 이제야 실현이 된 거라고 생각합니다. 오히려 별로 위험스러운 걸 성공시켰다고 생각하지 않아요. 한편으로는 이게 뭐에 대한 반증이냐 하면, 우리 사회가 그만큼 지금 현재 방송에서 보이는 지나친 경직이라든가 위선에 짜증을 내는 사람도 존재하고, 기존의 보수 매스컴이 완전히 안전한 지역에서만 놀려고 하고, 말썽이 생길 소지가 있는 경우에는 50리 100리 밖으로 도망가서 방송을 했기 때문에 '여기 정도면 괜찮지 않아?' 하고 툭 들어간 건데, 결과는 괜찮았죠.

지 〈고스트 스테이션〉을 진행하다가 가끔 땡땡이도 치시잖습니까? 그러면서 하는 말씀이 '내가 하루 땡땡이를 침으로써 나머지 시간에는 싱싱하게 방송할 수 있다. 그렇다면 괜찮은 될 아니냐?'고 말하는 것이 재미있었는데요. 지난번에도 그냥 나가버리셨을 때 청취자들이 '오늘 마왕이 기분이 안 좋았나 보다' 이런 정도의 반응을 보이더라고요. 일반적인 방송에서는 상상도 하지 못할 일인데요. 방송국의 특별한 제재는 없습니까?
신 뭐라고 안 해요.

지 〈고스트 스테이션〉을 진행하면서 가장 재미있었던 기억은 뭐가 있나요?
신 전체 기억이 다 즐거워요. 이번 방송을 하면서는 예전에 디제이를 할 때만큼의 스트레스는 없어요. 스트레스를 받지만 종류가 달라요. 제 취약점이 정말 방송하고 싶지 않은 날 방송하면 6개월간 타격이 오거든요. 이것을 듣는 사람들이 '그래 알았다. 알았어. 네 맘대로 해'라고 허용해준 거죠.(웃음) 사실 매일 똑같은 얘기를 똑같은 시간에 한다는 게 돌아버리는 일이거든요. 그런데도 그런 청취자들 덕에 1년 가까이 했는데, 스트레스가 별로 없어요.

지 어떤 책들을 주로 읽으십니까? 특별히 존경하는 지식인이 있습니까?
신 난독을 해요. 가리지 않고 읽어요. 버트런드 러셀의 책을 10대 때 감명 깊게 읽었어요. 러셀이 주장하는 내용과 사고방식에도 감명을 받았겠지만, 그때 논리라는 것을 처음 만났어요. 논리의 위력을 본 거죠. 언어와 글자라는 문자들을 그림이나 음악처럼 배열하는 것을 본 것 같은 감동인데, 러셀이 언어를(물론 번역문이었지만) 자신의 의지대로 마치 군대처럼 정렬시켜 자신이 말하고자 하는 생각을 표현하기 위해서 글자들을 쫙 진열시켜 서 있는 모습을 봤을 때, 넋이 빠지더라고요. '언어라는 것이 정렬시키는 사람에 따라서 엄청난 힘을 갖는 거구나' 하는 걸 느꼈습니다. 좋아하는 것은 SF, 판타지를 좋아해요. 《반지전쟁》이 엄청나게 인기를 끌고 있지만, 《반지전쟁》의 전신인 《호빗》을 처음 읽은 게 초등학생 때였어요. 톨킨도 좋아하고, 로저 젤라즈니를 숭배하는 입장이고요. 흔히 얘기하는 빅 쓰리들 로버트 하인라인, 아이작 아시모프, 아서 클라크도 좋고요. 아, 그리고 갑자기 이름을 까먹었네 《안드로이드는 전기 양의 꿈을 꾸는가?》가 누구였지? 어우씨, 늙으면 죽어야 돼. 그걸 까먹냐? 그리고 좋아하는 것은 역사책이에요. 역사책 마니아예요.

지 예전 인터뷰에서 'O양 비디오 사건'에 관한 얘기들에 화를 내시면서….
신 그냥 왜들 그러냐는 정도로 말한 거죠.(웃음)

지 '결혼하면 비디오를 찍어 보관할 생각도 있다'고 하셨는데요. 찍어두셨나요?
신 하하하하. 그거야 말이 그런 거죠.(웃음)

지 결혼생활은 어떠세요?
신 괜찮네요. 많은 걸 배워요. 그리고 뭔가를 배운다는 의미에서 정체되는 걸 느끼던 시절에 결혼이라는 걸 통해서 참 많이 배워요. 인간이 하나의 소우주라고 그러잖아요. 그 두 개가 만났는데, 그 안에서 벌어지는 수많은 복잡다단한 상황들과 내가 반성해야 할 것, 배워나가야 할 것 등을 생각하면, 학습이라는 의미에서 결혼은 축복인 것 같아요. 지금까지 알고 있는 모든 지식을 다시 검토해봐야 하고, 내가 알고 있는 모든 것들을 다시 검토해봐야 하더라고요.

지 월드컵에 대해서 "우리의 최대 관심사는 '외신이 어떻게 보도하고 있나' '월드컵 이후 외국인이 얼마나 많이 늘었나' 하는 것이었지, 결코 '우리는 월드컵을 얼마나 즐기고 있나' '월드컵이 우리의 삶과 문화를 어떻게 바꾸어놓았나'가 아니었습니다. 국악은 어떤가요? 우리가 늘 국악을 듣고 즐깁니까? 절대 아니죠. 국악에 대해 전혀 모르면서 '국악이 얼마나 죽이는데 왜 안 듣냐'며 국악의 우수성을 외국인들에게 알리려고 노력합니다. 예술을 즐길 줄도 모르면서 우리 민족의 우수성을 세계만방에 과시해야 한다고 주창하는 것은 결코 예술을 사랑하는 사람이 할 얘기가 아닙니다. 그들은 '나치'와 같습니다"라고 하셨는데요. 그 말은 겉으로 드러내는 것에만 관심 있는 우리의 모습, 냄비근성 같은 것을 반성해보자는 의미인가요?

신 냄비는 죽이죠. 냄비가 어때서. 끓을 때만 잘 끓으면 되지.(웃음) 우리나라 사람들의 근성을 가지고 모래알이니 뭐니 하는 사람들도 있는데, 뭉칠 땐 잘 뭉쳐요. 모래에다가 시멘트만 잘 부어주면 콘크리트 건물도 올라가는데, 오히려 저는 우리나라 사람들의 그런 거 있잖아요. 한번 불받으면 휘달리는 거. 그것을 정체성으로 삼아야 한다고 봐요. 그런 것을 가지고 잘나가는 나라들도 많잖아요. 자주 일본과 비교해서 '그쪽이 선이다'라고 생각하는 사람들이 있는데, 그쪽도 지역감정이니 나쁜 거 다 있거든요. 일본처럼 줄 쫙쫙 서고 뭉친다는 게 단결하는 건 아닌 것 같고, 고추장에 고추 찍어 먹고 밤새도록 술 마시고 이런 기질들이 어쩌면 우리의 기질인 것 같아요. 양반이 어쩌고 동방예의지국이 어쩌고 하는 것들은 옛날 얘기고, 다혈질이 우리의 상징이 되었다면 그걸 긍정 에너지로 바꾸면 되는 거 아니겠나 하는 생각이 들어요.

지 문화개혁을 위한 시민연대 같은 곳에서 가요 순위프로그램을 개혁해야 한다는 이야기를 많이 하고 있습니다. 그 점에 대해서 어떻게 생각하십니까?

신 그거 개혁해서 뭐해요. 다른 나라는 뭐 별 차이 있나요?(웃음)

지 시스템이 그쪽으로 너무 쏠려 있기 때문에 나오는 얘기일 수도 있을 것 같은데요.

신 대중을 호도할 수 있는 부분에 대해서는 물론 견제장치가 너무 없으니까 그런 얘기를 하는 데는 동의하지만, 근본적인 해결책은 아니라고 생각합니다. 아직도 우리나라에서 텔레비전에 나오면 인기가수고 텔레비전 차트에 오르면 좋은 노래라고 생각하는 사람이 많다면, 그렇게 호도하는 쪽의 문제를 지적하는 것도 의의가 있을 겁니다. 하지만 왜 아직도 많은 사람이 텔레비전만 보고 음악을 대할까 하는 생각을 해봅니다.

지 〈수컷의 몰락〉 가사에서 '수컷들이란 절반의 허세 그리고 절반의 콤플렉스로 이루어져 있다'고 하셨는데, 참 아프지만 동의할 수밖에 없거든요.(웃음)

신 ㅎㅎㅎㅎ.

지 그 가사에서 계속 이렇게 나오거든요. "웃기는 건 섹스 때도 무능력해 보일까 봐 초조해하는 의외의 소심함이지만 … 그러고 난 뒤에 허탈하고 고독해하는 의외의 예민함이다. 그러니 허세의 대가란 게 꽤나 비싸다. 약한 척도 안 되고 변명도 안 되고 남자답게 사내답게라는 그 말 안에 스스로 고립된다." 어느 연구결과를 보면 그런 스트레스 때문에 남자아이의 사망률이 여자아이의 사망률보다 3배나 높다고 나와 있습니다. 그런 것을 얘기하다 보면 또 김정현의 《아버지》와 같은 식으로 받아들이는 사람들도 있을 것 같은데, 남녀 간의 관계를 어떻게 설정해야 한다고 보십니까? 너무 다르니까 대화를 해야 한다든지 그런 것들이 필요할 것 같은데.

신 그게 엄마 아버지가 공평하고 서로 존중한다는 인상을 받고 자란 아이들이, 예를 들어서 엄마가 아버지한테 소리 빽빽 지르고 같이 재떨이 집어 던지면 공평하다고 생각하지 않는 거죠. 엄마가 아버지 시중을 드는 분위기에서 자랐더라도 아버지가 엄마를 무지무지 존중하고 함부로 대하지 않는다는 느낌을 가진 사람들도 있거든요. 사실은 남녀평등이라는 건 각 가정 안에서의 실천적인 분위기로 엄마가 리드를 잡든, 아버지가 리드를 잡든 그런 것에 상관없이 분위기로서 느껴지는 거라고 생각해요. '진짜로 여성을 왜 존중해야 하는지'라든가 이런 것들을 고민하며 자라난 세대가 사회의 주 구성원으로 이뤄져야 한다고 생각합니다. 하지만 이것이 남녀평등이라는 게 모든 지역에서 패턴이 똑같아야 한다는 걸 의미하는 건 아닐 거고요.

지 이번에 콘서트하신다고 하던데요.

신 12월 31일 밤 10시에 올림픽 공원 펜싱 경기장에서 하고요. 공연 타이틀은 〈N.EX.T Rebirth Concert〉입니다. 이번 공연에서는 내년 2월에 공개예정인 넥스트 5집의 일부 곡들을 선보이는 첫 무대가 될 거예요. 새로운 넥스트의 데뷔무대인 셈입니다. 저는 아까도 말한 것처럼 밴드의 일원이자 리더임을 잊어본 적이 없어요. 그 공연에서 넥스트의 실체를 보여드릴 겁니다. 나머지 멤버는 데빈 리(guitar), 원상욱(bass), 쭈니(drum)입니다.

인터뷰 둘.
2002년 12월 28일 신해철을 만나다

대선이 끝나고 일주일이 지난 2002년 12월 28일 방배동의 한 카페에서 신해철 씨를 만났다. 노무현 당선자 지지 유세를 했던 신해철 씨는 선거 과정에서 느낀 점과 선거 후 벌어지는 논란에 관한 자기의 생각을 거침없이 털어놓았다. 이번 인터뷰에서도 그는 많은 독서량과 인터넷을 매개로 한 의견교환을 통해 지식인 이상의 식견을 가지고 있음을 보여주었다.

제 마음에서는
대단한 희망의 싹이었어요

지승호(이하 지) 그간 신해철 씨가 주장한 "록 진영 내에서 성공한 사람이 있으면 축하해줘야지. 잘나가면 뒤에서 돌 던지는 풍토는 고쳐야 한다"는 말에 〈딴지일보〉에서는 '그들은 근거 없는 비판이나 비난에 상관없이 대중적으로 적절한 대접과 보상을 받은 것 또한 사실'이라고 말했는데요. 그런 식의 말들이 '적절한 보상을 받았으니 무슨 말을 들어도 닥치고 있어야 하는 게 아니냐?'로 들리기도 합니다.

신해철(이하 신) 〈딴지일보〉 자체가 워낙 그것을 비판하는 사람들이 '딴지를 걸어야만' 하는 인터뷰라는 압력을 넣기 때문에 그런 것 같아요. 1편에서 호의적으로 고분고분 진행했던 것에 대해 비난을 많이 한 모양인데요. 저는 대체적으로 〈딴지일보〉가 그런 식으로 얘기한 것에 대해서도 그렇게 기분 나쁘거나 그 말이 틀리다고 생각하지 않아요. 얘기를 하다 보면 내가 옳다고 해서 저쪽이 틀린 것도 아니고요. 이 부분은 내가 이거 이거가 옳고 저 부분은 네가 이거 이거가 옳고, 이런 식으로 생각하거든요. 전체적인 논조에 대해서는 오히려 놀라울 정도로 그쪽 기자나 편집진이 제 의견에 동의해줬다고 생각합니다.

지 선거가 끝난 후 어떻게 지내셨습니까?

신 선거 후에요? 〈인물과 사상〉이니 〈말〉이니 〈한겨레〉니 이런 곳에서만 인터뷰 요청이 들어오네요.(웃음) 스포츠 신문하고 인터뷰를 해본 적이 없어요.

지 민주당 국민경선 때 "광주의 선택은 위대했다"고 말하지 않았습니까? 그런데 지금 선거 후 광주에서의 지지율 95퍼센트에 대해 말들이 많은 것 같아요. 그걸 보면서 어떤 분은 나치 같다는 얘길 하던데요.

신 숫자로 봤을 때 위협감을 느낄 수 있는 수치가 나온 것은 사실입니다. 하지만 그 내용을 자세히 들여다보면, 그 안에 숨겨져 있는 이야기들이 많지 않나 하는 생각이 들어요. 그런 이야기들을 자세히 살피지도 않고, 그 수치가 주는 위압감만을 가지고 이야기하는 자들은 근본적으로 문제가 있다고 봐요. 말을 꺼내는 사람들 자체가 이 나라에서 개혁되어야 할 대상임을 스스로 실토하는 거죠.

수치상으로 볼 때도 경상도의 70-80퍼센트는 전라도의 95퍼센트와 맞먹어요. 그렇죠? 경상도에는 전라도 사람들이 꽤 살지만, 전라도에는 경상도 사람들이 살지 않으니까. 그런 식으로 따지면 수치가 나온 게 비슷한 데다가, 예를 그대로 들기는 뭐하지만 이번에 민노당 지지자들의 표가 몽(정몽준)이 나중에 지지를 철회하고 나서 급속도로 몇십만 표 이동했다고 하죠. 자신의 표가 이번 대선에서 캐스팅 보트를 쥐고 있는 것을 알고 있고, '그것을 미래를 위한 진보정당에 투자할 것이냐, 지금 상황이 급박하다는 것을 인정할 것이냐?'를 두고 시간 시간마다 상황판단을 하면서 그것을 행사할 수 있는 고도의 정치적 역량을 가진 사람들이 민노당 지지자라는 말입니다.

4퍼센트냐 5퍼센트냐 하는 게 문제가 아니고, 어떤 4퍼센트냐 라고 할 때 저는 고도의 정치적 역량을 가지고 있는 4퍼센트고 대단히 밀집력이 있는 귀중한 퍼센트라고 생각해요. 호남의 95퍼센트는 호남사람들의 절박함이라는 이유로 인해 고도로 정치적인 입장을 발휘할 수밖에 없는 상황에 몰렸고, 그것이 자의든 타의든 간에 그런 것에 정확한 선택을 하고 있다는 거예요. 제가 이런 말을 할 수 있는 건 경상도 출신이기 때문에 편하게 할 수 있는 거거든요. 그런 면에서 고맙죠. 제가 전라도라면 이빨도 안 먹힐 거예요. 이게 슬픈 거죠. 바로 호남에서 90퍼센트대의 몰표가 나오고, 경상도 출신인 노무현 후보에 대해서 호남이 결집해서 표를 보내고, 이번에는 이 사람을 찍어야겠구나 하는 입장을 보일 수 있다는 게 대단한 거라고 생각해요.

지금까지 누가 그렇게 했냐고요. 그리고 지금 우리는 장갑차에 여중생 두 명이 깔려 죽었다고 난리 치고 있는데, 대구 정권이 장갑차 몰고 들어가서 수천 명의 동포를 향해서 총을 쏘지 않았냐고요. 그 역사의 상처가 아직 치유되지 않았고, 그리고 각계각층에서 호남사람들을 차별하도록 선동하고 실제로 호남사람들의 사회진출을 막지 않았습니까? 그럼 노무현 당선자가 이런 입장에서 영남의 입장을 살려주거나 영남을 위주로 한 조각組閣을 하면 호남사람들이 욕하느냐 하면 그렇지 않을 거란 거거든요. 그 이면을 보는 거죠. 그쪽은 그 정도 세련이 되어버렸어요. 슬프게 세련된 거죠.

그런데 아직도 세련이 안 된 사람들이 그것을 무작정 어떤 지역감정에 의한 몰표라고 이야기하는데, 호남사람들이 '이회창을 선택할 이유가 있었느냐?' 하면 그렇지 않잖아요. 뻔한 얘기죠. 지금 대구가 전국에서 왕따를 당하고 경북이 고립된 듯한 그림이 되어버렸는데, 저도 〈개그 콘서트〉에서 선물 사가지고 들어오면서 '당신에게 좋은 선물을 준비했어요'라는 말을 경상도 말로 하면 '오다 주었다'라고 하는 걸 보면서 기절하도록 웃었어요. 경상도 정서를 알고 어릴 때부터 몸에 밴 사람들은 100퍼센트 이해할 겁니다. 경상도 쪽 얘기만 나오면 와이프는 까무러치게 웃어요. 저는 그게 무슨 얘긴지 아니까 웃고, 와이프는 평상시 제 정서랑 너무 똑같으니까 웃거든요. 저는 뿌리 깊게 경상도 정서가 남아 있지만, 경상도 정서를 가진 모든 사람들이 전두환을 찬성한 것도 아니었고, 역대 영남 정권이 한 치졸한 행위라든가 현재 영남사람들이 속 좁게 웅얼웅얼거리는 데 찬동하지도 않잖아요.

대구 유세할 때 그런 말을 했는데요. "대통령을 몇 번이나 배출했으면 전국적인 사고를 해야 할 거 아니냐?" 대구라는 도시가 아직도 일개 지방 도시로 사고를 하니까 도지사 선거도 아닌 대통령 선거에서 '누굴 뽑아야 지역경제가 살아나나?' 이런 얘기들만 하고 있거든요. 매를 맞아야 해요, 매를 맞고 왕따를 당하고, 왜 우리가 왕따를 당하는지에 대해 반성을 해야 하는 거지. 계속 구시렁거리고, 지난번에 DJ 정권 들어서서 영남사람들 차별받았다는 얘기만 앵무새처럼 반복하고 있잖아요. 오히려 거꾸로의 상황이 벌어졌다고 생각해보세요. 전라도 지역의 사람들이 영남당이라고 불리는 당에서 출마하는 똑같은 일이 벌어졌다면 '경상도 사람들이 전라도 사람을 찍었을까?' 하고 생각하면 그렇지 않았을 거예요. 지역감정이 살아있는 상황에서 화해의 손을 내밀 가능성이 없어 보이는 건 제가 볼 때는 영남이지, 호남이 아니거든요. 95퍼센트, 80퍼센트지만 오히려 호남사람들이 가능성이 있다고 생각해요. 영남사람들이 저를 배신

자라고 얘기할지도 모르고, 어떻게 씹어댈지 몰라도 사실은 사실이니까.

지 노무현 후보가 당선되는 순간 어떤 기분이 드셨습니까?
신 제 의견에 동의하시는 분들도 있을 테고, 그렇지 않다고 말씀하실 분들도 계실 것 같은데, 정치 관련 게시판이나 이런 곳에서 6.10 민주항쟁이 종료됐다고 글을 올리는 사람들이 여럿 있었어요. 저는 개인적으로는 거기에 동의하고 싶거든요. 한편으로는 15년에 걸쳐 6.10 민주항쟁이 종료됐다는 감개무량함과 또 한편으로는 이것이 1막의 종장일 뿐이고, 이제 2막이 시작되는 거라고 생각합니다.

제가 할 역할에 대해서 곰곰이 생각해봤어요. 현실정치에서 일하는 것은 어쨌든 아닐 거고, 내 직업군에서 내 직업을 지키면서 앞으로는 지난 15년 세월을 살아왔던 것만큼 '정치에 냉소적이거나 무관심한 게 자랑인 듯 그렇게 살지는 않을 것이다'라고 결심했죠. 정치 바닥 안에서도 희망을 가진 사람들을 꾸준히 찾아내고, 지원하고, 마음을 모으고 하는 일을 하는 사람들과 함께 가고 싶다는 생각을 했어요. 저는 정치 바닥과 2주간 가깝게 지내면서 정치에 대한 환멸이 더 커지지 않을까 마음을 다치지 않을까 걱정했는데, 의외로 많은 것을 얻었습니다. 줄서기 하는 사람들부터, 생색내는 사람들, 왔다리 갔다리 하는 사람들까지 경멸하던 것은 멀리서 보았던 것보다 훨씬 심하더라고요. 클로즈업해서 보니까, '야, 이거 명불허전이다. 굉장하다'

는 생각이 들었죠.(웃음) 또 다른 한편에서는 의외다 하는 것들이 있었고요.

지 보통 젊은 사람들이 정치에 냉소적이라고 하는데, 유세 다니면서 어떤 생각이 드셨나요? 30대의 씩씩한 운동권 부부(?)들이 아이들을 데리고 유세장을 나오는 것을 보고 희망을 느꼈다고 하신 적이 있는데요.

신 정치 행위 자체에 참여하는 그런 것들도 있었겠지만, 자신들이 뜻하던 바를 현실 생활의 작은 부분에서부터 실천해가는 사람들을 발견했을 때, 제 마음에서는 대단한 희망의 싹이었어요. 왜 진작 나는 이런 사람들을 많이 만나지 못했는가, 정치적인 성향이나 지지 후보가 같아서 일수도 있겠는데, 그 사람들이 길에서 악수를 청해올 때나 눈빛을 보내올 때의 동질감이나 이런 것들이 팬으로서 악수를 청하는 사람들과는 느낌이 다르죠. 부부들이 아기를 데리고 와서 하는 말투나 표정들이 올바른 게 무엇인가를 고민하면서 올바르게 살고자 하는 모습이 보이니까 너무 상쾌한 거예요. 제가 있는 바닥은 그런 상큼한 모습을 보기가 쉽지 않잖아요.(웃음) 복마전 양상을 보이는 곳이니까.

대안을 찾아내고 근본적인 개혁을 하는 게 훨씬 적극적 공격입니다

지 〈딴지일보〉 인터뷰에서 〈딴지일보〉 입장의 글을 보니까 '딴따라 판을 바꾸기 위해서는 사랑하는 대상을 지원하는 것도 필요하지만 부정의 에너지로 씹어 대는 것 역시 필요하다'면서, 듣기에 따라서는 신해철 씨가 체제옹호적 현상유지적 발언을 하는 것처럼 말하던데요. '네가 여유가 생겼으니까 그런 얘기를 하는 거 아니냐?'라고 들을 수도 있겠던데요.

신 파토라는 사람이 쓴 '딴따라판의 주류가 교체되어야 한다'는 글에서 저에 대해서도 간접적으로 언급하고 있더라고요. 정치적으로 액션을 취하고 자발적으로 그런 움직임을 보이는 것은 대단히 반가운데, 이를테면 '너는 이런 움직임을 리딩할 위치가 되었는데 거기서 입을 다물고 있으면 보신주의에 빠져 있는 거로 보인다'는 말이거든요. 공격에 나서라는 압력을 넣은 거죠. 그것은 전략적인 사고가 저랑 달라서 그런 거 같아요. 그리고 저는 제가 훨씬 공격적이라고 생각해요. 부정적인 네거티브의 공세로 '이 음악은 안 된다. 얘네는 이래서는 안 된다'고 말하는 건, 저는 수비라고 봐요. 대안을 찾아내고, 뭔가 판을 바꾸기 위해서 근본적인 개혁을 해나가는 거야말로 훨씬 적극적인 공격이죠.

단지 제가 미안한 것은 바로 그 적극적인 공세라는 부분에서 성과물을 뚜렷하게 보여주지 못하고 있기 때문에, 아무것도 안 하고 있는 것처럼 보여지기도 하는 것 같아요. 그런 오해들을 그 인터뷰에서 조금은 푼 것 같고요. 군사전술하고도 비슷한 측면이 있는데, 모든 전투는 콤비네이션에 의한 거거든요. 물론 극단적인 전술이 있기는 하죠. 저글링러쉬도 있고(웃음), 그런 전술이 있기는 하죠. 오크통의 법칙이 국가 전체에도 적용되지만, 문화계 혹은 대중음악계 한바닥에도 적용이 되기 때문에 섹터들이 갖춰지기 전에는 공격에 나설 수가 없어요. 이빨 빠진 부분을 찾아서 헤매는 중입니다.

지 외국의 레드 제플린이니 비틀스니 하는 밴드들을 보면 어릴 때부터 같이 놀던 친구들이 모여 세계 최고의 기타리스트, 드러머 이런 식으로 되잖아요. 저는 그렇게 된 가장 큰 이유 중 하나가 '서로에 대한 믿음'이라고 생각합니다. 근데 우리는 '내 주변의 사람이 뭘, 내가 뭘' 이런 패배주의와 무기력을 학습받고, 세뇌당해온 것 같다는 생각이 들거든요.

신 그 패배의식이라는 게 줄다리기할 때와 참 비슷해요. 나는 지금 열심히 줄을 끌고 있는데, '내가 무슨 역할을 하고 있는 건가?' 하는 회의가 들기도 하고요. '나 하나 따위가 여기에 도움이 되는 건가' 하는 생각도 들죠. 그리고 열심히 끌고 있는데, 줄이 저쪽 진영으로 끌려가면 그 기분이 정말 더러워요.(웃음) 집단적인 패배의 느낌을 줄로 연결된 물리적인 힘을 통해서 온몸으로 느끼기 때문에 줄다리기에서의 패배는 정말 뼈가 아픈데, 저는 패배의식이 뒤집어지는 걸 여러 번 봐왔어요.

사실 6.10 민주항쟁 때도 그랬고, 84학번들만 해도 패배의식에 사로 잡혀있었어요. 몇 년 동안 시위를 했는데 한 번도 저 골목을 넘어보지 못했다, 한 번도 신촌사거리를 못 벗어나봤다. 그런 이야기들이 있었고, 남대문에서 시작했을 때 골목길 따라서 골목 안에서 스탠바이하잖아요. 하나둘셋 하고 남대문 주변의 모든 골목에서 '와!' 하고 개미처럼 튀어나오는 사람들을 봤을 때, 거짓말처럼 스크럼이 깨지면서 길거리에 있는 시민들이 우릴 응원하기 시작했을 때, 그리고 대학가요제에 나갔을 때도 패배주의는 밴드의 머리를 무겁고 짓누르고 있었거든요. 밴드는 아무리 잘해도 동상 이상을 받을 수 없다는 징크스 때문에요. 동상, 은상 수상자가 불린 다음 금상에도 이름이 안 나오니까 밴드들 표정이 흙 씹은 표정이 돼서 집에 갈 준비를 했어요. 근데 그때가 몽이 지지 철회할 때와 비슷한 심정이었던 것 같아요. '몽이 지지 철회를 했잖아. 근데 이렇게 해서 이기면 대박이잖아.'(웃음) 대학가요제에서 금상에서 안 불릴 때 '가만있어 봐. 그럼 남은 건 대상밖에 없는데, 지금 불리면 대상 아냐?' 하고 생각했죠. 그 당시의 분위기를 아는 사람들은 정말 알 거예요. 밴드는 대학가요제라는 행사에서 구색으로 전락한 시대였죠.

근데 그게 뒤집어지더라고요. 이번에도 보니까 뒤집어지고, 아직까지는 소수파 정권에 의한 당선자를 하나 더 낸 것에 불과하지만 그 안에는 여러 의미가 있다고 생각해요. 그것이 싹을 내고 열매를 맺게 하고 키워내려면 여러 작업이 필요하겠죠?

지 영화 〈친구〉를 봐도 그렇듯이 경쟁을 조장하는 교육, 사회 환경이 결국 어린 시절 친구들마저 비극적인 결말을 맺게 한다는 생각이 들거든요. 월드컵 때도 그런 측면이 있었듯 노 후보가 당선됨으로써 우리가 그런 패배의식에서 벗어날 수 있는 계기가 되었다고 보는데요. 노 후보 당선의 의미를 어디에 두

십니까?

신 노 후보 당선의 의미라? 여러 가지가 있을 텐데, 상대측과의 전략적인 면에서 포지티브가 네거티브를 완파한 승부가 되었다는 것, 조직의 운영이라든가 재정의 운영 면에서도 현재까지 치른 선거 중에서는 가장 모범적인 사례였지 않나 생각합니다. 그리고 고졸 출신의 대통령, 사병 출신의 군통수권자를 갖게 된 것도. 사실은 그것이 별다른 의미를 가지지 않는 사회가 되어야 하는데, 그것이 아직까지는 가뭄에 단비로 보이는 사회니까요.

제가 찬조 연설 나갔을 때 "노무현은 지킬 것을 지키고 있기 때문에 이미 승리자이고, 당선되기 위해 그걸 버리는 순간 패배자일 것"이라고 얘기했는데 마지막 순간까지 여러 사안, 특히 몽을 포함한 사안에서 노무현이 얼마나 꼴통인가를 여실히 보여줬잖아요.(웃음) 대단한 거죠. 결과적으로는 쉽게 얘기할 수 있지만, 정치인이라는 굴레를 뒤집어쓴 상황에서 그렇게 함부로 판단할 수 있는 건 아닌데, 그런 면에서는 높게 평가하고 싶어요.

하지만 앞으로 당선자가 어떻게 일을 해나갈지, 어떻게 정국을 운영할지에 대한 것은 전혀 기대하고 있지 않고, 두고 봐야 한다고 생각합니다. 본인이 의지가 있어도 상황이 허락하지 않을 수도 있고, 의지가 바뀔 수도 있고, 이건 모른다는 거고요. 앞으로 무조건 잘해나갈 거라고 생각하고 싶지는 않은데, 지금까지는 제가 했던 행위들이 부끄럽지 않게 해준 것 같아요. 저로서는 이 정도가 노무현이라는 사람한테 할 수 있는 최선의 찬사예요.

우리가 올바른 목소리를 내고 싸워 얻어야지 시혜물을 받아먹으려 해서는 안 됩니다

지 광화문에서도 계속 촛불시위를 하고 있는데, 〈뉴욕 타임스〉 같은 신문에서 '저런 나라에서 미군은 철수해야 하는 거 아니냐?'는 협박성(?) 사설을 게재하고 있고, 우리나라에서도 그것을 불안해하거나 부추기는 언론들도 있는 것 같습니다. '이제 촛불시위는 안 된다'고 주장하는 목소리도 조금씩 커지고 있는데요.

신 시위를 하다가 사람들이 늘어나게 되면 진정성 방향성이 희석될 수도 있겠고, 하지 말아야 할 행위들이 귀에 들려오기도 하죠. 길가는 미군들 다구리를 깐다든가 아무 금발이나 보면 욕을 한다거나 하는 부작용이 생기기도 하는데, 제가 가진 지식이 완전하지 못해서 〈고스트 스테이션〉에서도 토론회를 하겠다고 하고 있어요. 이에 대한 정보를 구한다고 요청했는데, 그러면 정말 살벌하게 구해오거든요.(웃음)

정말로 모른단 말이에요. 이런 것들이 이슈화되고 토론을 해본 적이 없잖아요. 우리 경제력이 북한에 비해서 3:1이다, 5:1이다, 8:1이다 이렇게 앞선다고 하는데, 이런 상황에서 주한미군이 철수하고 북한이 남침을 해서 남한군과 북한군만으로 전쟁을 했을 때 북한이 승리를 하느냐 과연, 그리고 인구수가 거의 두 배가 된 상황에서 그쪽이 점령한다고 해도 과연 통치를 할 수 있느냐. 이런 얘기부터 먼저 알아야 미군이 필요한지 아닌지도 알 거고요.

미군이 철수한다 안 한다가 당장 2003년에 이뤄질 것도 절대로 아니라고 보고요. 그런 논의를 하는 분위기가 조성된 게 얼마 안 되거든요. 얼마 전까지만 해도 주한미군 철수 얘기가 나오면 극좌, 빨갱이, 주사파라고 불렀잖아요. 하여튼 외국군대가 독립 국가에 진주해있는 것이 백번 양보해서 불가항력적인 상황이라고 이야기할 수는 있어도 자연스러운 일은 아니니까.. 외국군대가 진주해있는 게 부자연스러운 일이고 그럼 언젠가는 나가야 하는데, 국민에게 그런 걸 알려달라는 거죠.

우리 경제력이 어떻게 되고, 인구가 어느 정도 되고, 군사력이 어느 지점에 이르면 미군 없이 우리가 자립할 수 있느냐, 그럼 그때 가서 빨리 내보내야 하지 않느냐 이런 논의가 필요하다고 봅니다. 그때도 미군이 있겠다면, 그건 한반도의 군사기지로서의 중요성 때문에 있는 거니까 돈을 내든가, 우리가 돈을 받든가 해야 하는 거 아닌가요?(웃음) 그런 얘기들이야 전문가들이 할 테고 제 식견이 중요한 건 아니겠지만, 분위기 자체가 이번 기회에 자연스럽게 얘기 좀 해보자는 거죠. 저는 정말 궁금해요. 그래서 그 얘기들을 기다리고 있고.

지 예전에 〈고스트 스테이션〉 게시판에 올라왔던 '연평총각'의 글 때문에 논란이 많지 않습니까? 진중권 씨는 처음에 '주사파 문예소조'의 작품이라고 주장하기도 했는데요.

신 많은 사람이 깜짝 놀라서 진중권 씨에 대해서 이런저런 얘기가 나온 모양인데, 그럼에도 불구하고 그 양반은 지금 우리나라 민중이 가지고 있는 소중한 입이라고 생각해요. 오히려 그런 사안 하나하나마다 자기가 믿고 있는 신념이나 평소의 행동 패턴 또는 관성에 의해 얘기하지 않고, 다른 건 몰라도 이건 아닌 것 같다고 칼을 세울 수 있는 게 그 사람의 장점이죠. 오히려 대단하다고 생각했습니다. 평소의 그 사람이 자기 지지자들, 그 바닥을 봤을 때 분명히 '연평총각'의 얘기를 이용하고 이야기하고 그쪽으로 쏠렸어야 맞는데, '이건 아니지 않냐'고 얘기했거든요. 그래서 이건 대차지 않은가 하고 생각했죠. 사실 여부에 대해서는 저는 그 어느 쪽도 100퍼센트 이렇다 할 결론이 나지 않은 것으로 압니다. 사실 여부에 대해서는 더 논의를 해봐야 할 것 같아요.

지 조갑제 씨 같은 경우 좌파 성향의 사람들이 인간에 대한 애정이 없는 게 아니냐고 말한 적이 있습니다. 여중생 사망 사건에는 분노하고 정치적으로 이용하면서, 서해교전 때 죽은 장병들에 대해서는 왜 아무 이야기도 하지 않냐고 말하는데, 그런 얘기들에 대해서는 어떻게 생각하십니까?

신 어차피 전쟁이라는 거, 군대라는 거, 군사력이라는 거 그런 것들이 선악 기준에서 벗어나는 어떤 잔인성과 비극을 내포하고 있잖아요. 그런 식으로 따지자면 북파공작원 문제가 요새 와서 불거졌잖아요. 간첩은 북한에서만 보내는 줄 알았는데 우리도 간첩 보내고, 심지어는 북한에서는 인민 영웅 대우를 해주는지 어쩐지 모르겠지만, 우리는 내다버렸잖아요. 슬픈 거를 따지자면 그 모든 게 슬프죠.

지 노무현 당선자에게 당부하고 싶은 말은 있나요?
신 없다니까요. 대통령에게 제가 할 말이 뭐 있겠습니까?(웃음) 알아서 하겠죠. 문화계의 바람이라든지 하는 것은 누가 정권을 잡아서 해결될 문제가 아니라, 우리가 올바른 목소리를 내야 하는 거고 싸워서 얻어내야지 시혜물을 받아먹으려 해서는 안 된다고 생각해요.

지 나이 든 분들은 여전히 노무현 당선자에 대해 의구심을 가지고 있는 것 같은데요. 세대 간의 갈등으로 연결될 수도 있고, '젊은 사람이 먹는 걸로 먹어야지'라는 자조적인 신문 만화도 있었고, '저것들이 몰라서 그래. 저런 것들에게 어떻게 나라를 맡겨'라며 불안해하기도 하거든요.
신 끝내 곳간 열쇠를 며느리한테 안 주는 시어머니의 말로가 좋을 수가 없어요.(웃음) 끝까지 그렇게 하다가 나중에 윗목으로 밀려나서 찬밥을 먹는 수밖에 없거든요. 그러면 따신 밥 먹고 싶으면 젊은 애들에게 양보해야 한다는 게 아니라, 따신 밥을 먹고 싶어서가 아니라 좀 멋있어지려면 바뀌어야죠, 노인분들도. 그런데 지금의 기성세대, 노년층 세대가 자신들의 삶에 대해서 자신감을 가질 수 있는 레퍼토리가 너무 제한되어 있고, 노년기의 허탈감을 극복할 수 있는 어떠한 카드도 가지고 있지 못해요.

지금 미국의 베이비부머 세대는 노년 세대가 되면서 경제력을 손에 쥐고 젊은 애들을 사실상 호령하고 있잖아요. 노인네들에게 아부하기 위해서 〈스페이스 카우보이〉같이 할아버지들이 우주선을 타고 올라가는 영화를 만들어야 하고(웃음). 그 세대에게 올드나 이런 단어들을 사용하는 것은 자살 행위가 되기 때문에 실버라는 단어로 바꾸면서 매스미디어가 아부를 해야 되고, 그건 어떻게 보면 당당함이죠.

저는 그래서 노년 세대한테 젊은 세대에게 기회를 주라는 게 권력을 내놓고 찌그러지라는 의미는 아닌 것 같아요. 하지만 경고는 하고 싶어요. 끝내 곳간 열쇠를 안 내놓은 시어머니의 말로가 어떻게 되나 보라고.(웃음) 그런데 그런 건 있죠. 우리 부모 세대 같은 경우에는 부모 형제들 봉양하느라고 자기 인생을 다 소비했지만, 완전히 탈진된 상태에서도 자식 대에는 부담을 물려주기 싫어서 자기들 노후를 위한 이런저런 준비를 하는 게 뭐냐면 '자식에게 신세 지지 않는다, 자식에게 폐끼치지 않는다, 애들한테 짐이 되면 안 된다' 이런 거거든요. 양쪽으로 뒤집어쓴 거죠. 이 악순환의 고리를 어딘가에서는 끊어줘야 해요.

그리고 우리 윗세대가 곳간 열쇠 안 내놓는 시어머니라면 지금 우리 세대는 노년이 되면서 '젊은이들과 어떻게 협력할 수 있는가, 더불어 살아나갈 수 있는가, 어떻게 그들의 말을 알아듣고 변화를 감지할 수 있을까'라는 고민을 하는 세대가 되어 그런 준비를 하면서 살아야 할 것 같아요. 윗세대는 몸으로 맨땅에 헤딩하면서 그 연결고리를 끊어주는 세대가 되어야 할 것이고, 우리는 그들을 보듬는 첫 세대가 되어야 합니다. 심정적으로 우리 윗세대가 우리한테 따뜻한 손을 내민다든가, 입에서 예쁜 말들이 나와서 우리 마음을 멋있게 어루만져주기를 기대해서는 안 될 것 같아요. 멋있는 말이 나와야 하고, 입에서 꽃같은 아름다운 말이 나와서 말로 천냥 빚을 갚을 수 있는 세대가 되려면, 우리가 그분들을 업고 가야죠.

지 안 그럴 것 같은데, 의외로 경상도 사람 특유의 무뚝뚝함이 있다고 말씀하셨는데요. 그럼 혹시 청혼할 때도 요즘 유행하는 것처럼 '내 아를 나도'라고 하신 거 아닙니까?(웃음)

신 화려한 말을 아니었던 것 같아요. 굉장히 간단한 몇 마디 말이었고, 그러다 보니 밖에 나가서 직업상 이야기하거나 남자들하고 이야기할 때는 말이 많은데, 집에서는 말이 많은 편이 아닌 것 같아요. 아버지가 완전히 지배하는 가정에서 자라다 보니, 아버지가 경상도 사람이라는 이유로 그 정서를 욕하면서도 그걸 닮아가더라고요. 저는 개량된 마초, 진화된 경상도인 거죠.(웃음)

전반적으로
행복하다고 생각해요

지 〈딴지일보〉 인터뷰를 보니까 넥스트 해체 때 "지나간 세월이 너무 분해서 울었다. 그리고 밴드 운용 면에서 동료들이 협조해주지 않는다는 생각이 들었다"고 하셨는데요. 어떤 점에서 그런 생각이 드셨습니까?

신 새로운 멤버를 구성해 새로운 그림을 그리는 상황에서 예전 멤버를 비하하거나 폐가 될 말을 하고 싶지는 않아요. 그리고 해산하는 기자회견 당시에도 그랬고, 지금도 그런데 예전 멤버를 깎아 내리는 소지의 말은 별로 하고 싶지 않습니다. 〈딴지일보〉에서 잠깐의 뉘앙스를 비친 게 제게는 처음이었어요. 얘기하다 보니 분위기에 휩쓸려서 그런 말이 나와버린 건데, 음악을 대하는 관점 자체가 좀 달랐던 것 같고요. 그 친구들이 나빴다는 게 아니라 그 친구들이 그만큼 많은 핸디캡을 가지고 음악을 했어요. 네 명이서 동등하게 밴드를 만들어보자고 했는데, 다른 사람들이 전부 신해철만 얘기하는 상황에 본인들이 처한다고 생각해보세요. 안에서 스트레스가 쌓일 수 있겠죠.

지 인디 진영의 육성을 위해 노력을 많이 하고 계신 걸로 알고 있습니다. 몇 마디 와전된 말을 듣고 '아무것도 하지 않으면서 욕만 하냐?'고 원망하는 사람들이 있는 것에 섭섭하지는 않으십니까?

신 인디 진영과는 요즘만큼 친하게 지내본 적이 없어요. 호의적인 사람이 훨씬 많고, 인디라는 이름이 생기기 이전인 넥스트가 한창 활동하던 시절에 '언더'라고 불리던 진영에서는 없는 얘기를 지어내거나 인신공격을 하는 사람들도 있었어요. 그런데 지금 인디음악을 하는 친구들은 제게 적대적인 감정을 가진 친구들이 대단히 드물고, 적대적이라고 해도 만나서 이야기하다 보면 서로 편해지죠. 그리고 그쪽으로부터 굳이 사랑받고 싶다는 생각은 안 해요.(웃음)

지 컴필레이션 음반 붐이 좀 사그러들었지만, 여전히 많이 나오고 있는데요.
신 하.(한숨) 구조적인 문제죠. 그것이 제 살 도려 먹기라는 것을 뻔히 알고, 자기들도 그렇게 얘기하면서도 그것 하나 막을 수 없는 게 현재 우리 대중음악계의 정치적 역량이에요. 그것이 우리 대중의 현주소고요. 덤핑으로 팔면 사더라는.

지 서태지 씨와 먼 친척이고, 친한 사이라 자주 통화한다고 들었습니다. 주로 어떤 이야기를 나누세요?
신 주로 일상적인 이야기가 많고, 중요한 사안이라든가 서로 갑갑한 것에 대해서 의논하는 부분도 있고요. 인디 친구들이 가진 서태지에 대한 반감이나 비난 이런 것에 대해서는, 또 저를 가리켜 '서태지의 방탄조끼'라고 부르면서 사안만 벌어지면 감싼다고 하는 경우도 있는데요. 제가 생각할 때 그 친구를 무조건적으로 감싸고 돌면서 없던 얘기를 한 적은 없는 것 같아요.

지 인디 진영하고 갈등이 좀 있었던 것 같은데, 전체적으로 뮤지션으로서의 서태지 씨는 어떻게 평가하세요?

신 뮤지션으로서의 서태지 이전에 인디 부분에서 욕먹고 있는 것에 대해서 얘기하자면, 뭐랄까 속된 말로 '뭐 주고 뺨 맞는다'는 생각이 들 때가 있어요. 음악 하는 다른 동료나 후배들에게 본인이 개인적으로 애정이 있으니까 그런 페스티벌도 만들고 출연시키려는 거예요. 그런 사이에서 대단히 많은 오해와 자기 딴에는 한다고 하고 욕먹고 이런 게 있어요. 서태지라는 아이콘이 가지는 지나친 무게와 파워 때문에 어쩔 수 없이 욕을 먹는 부분이 있거든요. 그런 걸 보면 참 측은합니다.

뮤지션으로서의 서태지에 대해서는 대단히 많은 불만이 있어요. 매스컴을 통해서 이야기하지 않을 뿐인데, 개인적으로는 그런 이야기를 굉장히 많이 해요. 제가 마음 놓고 울레불레하면서 넘어가는 부분은 태지가 대단히 야멸차게 '그러다 ×된다'고 씹어주기도 하는데.(웃음)

개인적으로는 용필이 형을 볼 때도 그렇고, 태지를 볼 때도 그렇고, 이게 마땅한 표현이 될지 모르겠는데 연민의 정 같은 것이 들 때가 있어요. 개인적인 삶에서 너무나 많은 것들을 희생하고, 용필이 형은 그렇게 살아왔고, 그렇지 않습니까? 외국에 나가 있는 것을 어떻게 보면 도피라고 이야기하는 사람도 있겠지만, 한국에서 그렇게 살라고 하면 저 같으면 6개월이면 죽어버릴 거예요.(웃음) 조용필이나 서태지나 두 사람의 공통점이 외골수라는 면이 있는 데 반해서 저는 외골수 같은 부분도 있겠지만, 변죽이 있는 부분도 있고 이런 부분에서 제 행복을 알아서 챙긴다든가 하기 때문에 저는 타입 자체가 피해를 덜 받는 편이에요. 데뷔하고 15년이 돼서 라디오 방송을 하면서 날건달, 동네 당구장 형, 추리닝-쓰레빠 형 위치로 '너네들 맘대로 해' 하기까지는 많은 시간이 필요했는데(웃음), 전반적으로 행복하다고 생각해요.

지 김광석 컬렉션 앨범이 나왔는데, 거기 "'나, 형 졸라 맘에 안 들어'라고 얘기하고 싶은데, 그러면 그 주를 만들면서 웃어줄 텐데"라고 하셨는데요. 어떤 의미였나요?

신 집안 친척들이 죽거나 하면 그런 말 하잖아요. 죽은 사람은 죽은 사람이고, 남은 사람들 남겨진 사람들이 힘들고 고통스러운 거 아니냐고. 그래서 광석이 형 생각하면 원망스럽죠. 살아 있었으면 지금까지도 좋은 음악 더 만들어놓았을 거고, 인간적으로도 나무랄 데 없는 사람이었고, 또 죽음의 모습이라는 게 주위 사람들 가슴 찢어지게 하는 모습이었잖아요. 자살이라는 걸 안 믿는 사람들이 많아요, 음악계에는. 저도 광석이 형이 자살했다는 걸 믿지 않거든요.

지 그럼 타살이라고 생각하시는 겁니까? 저도 심정적으로는 왠지 자살이 아닌 것 같다는 생각을 하긴 하는데요.

신 타살 여부나 그런 것에 대해서 지금 얘기를 꺼낸다고 해서 광석이 형이 살아오는 것도 아니겠지만, 제가 아는 그 사람은 절대로 자살할 사람이 아니었어요. 자살할 사람을 노래로 살려낼 수는 있어도.(웃음) 자기가 자살할 사람은 절대 아니었어요.

지 네티즌이 표절에 대해 너무 쉽게 문제를 제기한다고 불만을 터뜨린 적이 있으신데요. "음악을 사랑한다기보다는 튀고 싶은 욕구가 더 큰 사람들도 있는 것 같다"는 말까지 하신 적이 있어요.

신 표절이 우중들에 의한 마녀사냥 유희로 변질되는 장면들이 보이니까, 그때는 그걸 막아야 한다고 생각했죠. 표절이라는 게 사실 우리나라에서 그림이 우습게 되어있는 거거든요. 표절은 표절당한 당사자가 고소를 제기하기 전에는 문제가 되지 않는 사안인 데다가, 그리고 해결 방법도 거의 돈이란 말이에요. 제가 표절 소송을 안 하고 가만히 있잖아요. 지금 제기하면 얼마 못 받으니까.(웃음)

 다른 한편으로는 쥐구멍에라도 들어가서 죽고 싶어요. 저 같은 경우에는 표절 안 하는 사람의 대표자로 제 이름을 올려놓고서 제게 무슨 무슨 임무를 부여하려는 분들이 있는데, 연예인이라는 단어도 싫어하고 그렇긴 하지만, 저도 이 나라 대중음악계의 일원이기 때문에 동료라고 부르기도 싫은 인간들이라도, 사실 동료라고 부르고 싶지도 않아요. 절대로. 개인적으로 따지자면 그 분함이라든가 울분이라는 것은 '야, 이 새끼 표절했다'고 말하는 그 사람들 몇 배 이상이지, 그 사람들보다 덜 분한 게 아니거든요. 표절자들에게 왜 분노하냐면 상습 표절자 때문에 대중음악계 전체가 환멸을 받고, 아주 뿌리 깊은 불신 풍조가 생겨나고 전체 에너지가 떨어져버리잖아요. 지 잘 먹고 잘사는 게 문제가 아니라 판 전체를 망쳐버리니까. 나는 표절을 안 했다고 해서 나는 괜찮다고 목에다 힘줄 수 있는 건 아니거든요. 어쩔 수 없이 그 버러지 같은 인간들 하고 동료 취급을 받을 수밖에 없기 때문에 마음 같아서는 식칼 들고 가서 찌르고 싶을 때도 있어요.(웃음)

사석에서 하는 얘기는 제가 어느 정도로 빈정대냐 하면 '지금 작곡가 중에서 누구 누구 누구는 불러다가 시험을 봐야 한다, 과연 작곡이 가능한 사람인가 아닌가?' 하고 말해요. 깜짝 놀란 사실이 있는데, 애시당초 선천적으로 멜로디를 못 만드는 사람이 존재한다고 하더라고요. 곡을 쓰는 입장에서는 그걸 몰라요. 절대음감이 있는 사람은 다른 사람들도 다 절대음감인 줄 알잖아요. 저는 엄청난 상대음감인데.(웃음) 제가 알기로는 곡을 쓴다든가 표절하는 패턴을 보면 완전히 곡을 못 쓰는 애들이 있어요. 작곡가라고 부를 수 없는 거예요. 유사 멜로디를 연상할 힘이 없어요. 중추가. 유사 멜로디나 유사 리듬 패턴을 만들 수가 없으니까 그대로 판박이하듯 갖다 박고, 심지어는 브라스 톤, 드럼 톤, 소리 뒤에 있는 어레인지까지 그대로 갖다 박잖아요. 그리고 나서도 뻔뻔하게 그러고 살잖아요. 그래서 저는 "작곡가는 국가 관리 고시를 쳐서 최소한 8마디 이상 '학교 종이 땡땡땡' 정도는 작곡할 수 있다면, 그것을 입증해야 작품 활동을 시키자"는 말을 하거든요.(웃음) 음악 공부의 '음' 자도 안 하다가 미디 시퀀싱이나 배워가지고 작곡가라고 행세하니 안 돌겠어요? 그걸 보면서도 도는데, 한편으로는 '쟤 표절이다' 하고 우 몰려와서 돌 던지고 하는 걸 보면 또 뚜껑 열리는 거죠.

그럴수록 이쪽에 더 화가 나는 거고요. '봐라. 너네가 그렇게 그냥 표절도 아니고 쌩 표절, 유치빤쓰 표절을 하니까 대중이 얼마나 음악을 만만하게 보고 무시하느냐. 얼마나 얕보였으면 대중이 표절을 가려낼 수 있다고 믿느냐?'라고 얘기하고 싶은 거죠. 작곡가라는 것들이 얼마나 우습게 보였으면, 대중이 팔짱 끼고 앉아서 '너 이거 표절이야, 이거 베꼈지, 하하하' 이런 식으로 음악 자체를 우습게 보는 게 싫어요. 표절이라는 게 외국의 경우 전문가 집단의 공청을 거쳐서 대단한 공방 끝에 판결을 해야 하는, 하지만 그것도 대단히 애매한 상황이거든요.

에필로그

당신의 빈자리가 생각보다 크네요.

마왕! 그립습니다.
그리고 잊지 않겠습니다.

아, 신해철!
그에 대한 소박한 앤솔러지

초판인쇄 2019년 10월 17일
초판발행 2019년 10월 27일

지은이 지승호
펴낸이 윤중목
펴낸곳 (주)도서출판 목선재

책임편집 전상희
디자인 문성미

출판등록 제2014-000192호 (2014년 12월 26일)
주소 서울시 중구 필동2가 25 중앙빌딩 401호
       문화법인 목선재

전화 02-2266-2296
팩스 02-6499-2209
홈페이지 www.msj.kr
이메일 coopmsj@naver.com

ISBN 979-11-955075-5-9 03800

- 이 책의 판권은 (주)도서출판 목선재에 있습니다.
- 본사의 허락이나 동의 없이 무단 전재 및 복제를 금합니다.
- 잘못 만들어진 책은 바꾸어드립니다.

이 도서의 국립중앙도서관 출판예정도서목록(CIP)은 서지정보유통지원시스템 홈페이지 (http://seoji.nl.go.kr)와 국가자료공동목록시스템 (http://www.nl.go.kr/kolisnet)에서 이용하실 수 있습니다.(CIP제어번호: CIP2019040146)